信息系统审计
理论与实务

吴桂英 主编

唐志豪 冯占国 等 编著

清华大学出版社

北京

内 容 简 介

信息系统审计的诞生与发展是政府和企事业单位信息化发展到一定程度的必然结果,也是审计现代化转型的必由之路。本书借鉴当前国内外主流的信息系统审计准则指南,如美国审计总署的联邦信息系统控制审计手册、国际 ISACA 协会的信息系统审计实务手册和国际 IIA 协会的全球信息系统审计指南等,同时结合我国信息系统审计的相关规范及应用现状,全面系统地提出了信息系统审计的内容框架及知识体系,书中案例具有很好的实务操作指导作用。

本书可作为高等学校审计和信息管理等相关专业学生的教材,也可以作为从事审计实务工作者的参考用书。

图书在版编目(CIP)数据

信息系统审计理论与实务/吴桂英主编;唐志豪,冯占国等编著.--北京:清华大学出版社,2012.4
(21 世纪高等学校规划教材·信息管理与信息系统)
ISBN 978-7-302-28093-4

Ⅰ. ①信…　Ⅱ. ①吴…　②唐…　③冯…　Ⅲ. ①信息系统—审计—高等学校—教材　Ⅳ. ①F239.6

中国版本图书馆 CIP 数据核字(2012)第 029486 号

责任编辑:郑寅堃　张为民
封面设计:傅瑞学
责任校对:时翠兰
责任印制:王静怡

出版发行:清华大学出版社
　　　　网　　　址:http://www.tup.com.cn,http://www.wqbook.com
　　　　地　　　址:北京清华大学学研大厦 A 座　　　　邮　　编:100084
　　　　社 总 机:010-62770175　　　　邮　　购:010-62786544
　　　　投稿与读者服务:010-62776969,c-service@tup.tsinghua.edu.cn
　　　　质 量 反 馈:010-62772015,zhiliang@tup.tsinghua.edu.cn
　　　　课 件 下 载:http://www.tup.com.cn,010-62795954
印 刷 者:北京四季青印刷厂
装 订 者:三河市新茂装订有限公司
经　　销:全国新华书店
开　　本:185mm×260mm　　　印　张:10　　　字　数:244 千字
版　　次:2012 年 4 月第 1 版　　　印　次:2012 年 4 月第 1 次印刷
印　　数:1～2500
定　　价:19.00 元

产品编号:045126-01

出 版 说 明

随着我国改革开放的进一步深化,高等教育也得到了快速发展,各地高校紧密结合地方经济建设发展需要,科学运用市场调节机制,加大了使用信息科学等现代科学技术提升、改造传统学科专业的投入力度,通过教育改革合理调整和配置了教育资源,优化了传统学科专业,积极为地方经济建设输送人才,为我国经济社会的快速、健康和可持续发展以及高等教育自身的改革发展做出了巨大贡献。但是,高等教育质量还需要进一步提高以适应经济社会发展的需要,不少高校的专业设置和结构不尽合理,教师队伍整体素质亟待提高,人才培养模式、教学内容和方法需要进一步转变,学生的实践能力和创新精神亟待加强。

教育部一直十分重视高等教育质量工作。2007年1月,教育部下发了《关于实施高等学校本科教学质量与教学改革工程的意见》,计划实施"高等学校本科教学质量与教学改革工程(简称'质量工程')",通过专业结构调整、课程教材建设、实践教学改革、教学团队建设等多项内容,进一步深化高等学校教学改革,提高人才培养的能力和水平,更好地满足经济社会发展对高素质人才的需要。在贯彻和落实教育部"质量工程"的过程中,各地高校发挥师资力量强、办学经验丰富、教学资源充裕等优势,对其特色专业及特色课程(群)加以规划、整理和总结,更新教学内容、改革课程体系,建设了一大批内容新、体系新、方法新、手段新的特色课程。在此基础上,经教育部相关教学指导委员会专家的指导和建议,清华大学出版社在多个领域精选各高校的特色课程,分别规划出版系列教材,以配合"质量工程"的实施,满足各高校教学质量和教学改革的需要。

为了深入贯彻落实教育部《关于加强高等学校本科教学工作,提高教学质量的若干意见》精神,紧密配合教育部已经启动的"高等学校教学质量与教学改革工程精品课程建设工作",在有关专家、教授的倡议和有关部门的大力支持下,我们组织并成立了"清华大学出版社教材编审委员会"(以下简称"编委会"),旨在配合教育部制定精品课程教材的出版规划,讨论并实施精品课程教材的编写与出版工作。"编委会"成员皆来自全国各类高等学校教学与科研第一线的骨干教师,其中许多教师为各校相关院、系主管教学的院长或系主任。

按照教育部的要求,"编委会"一致认为,精品课程的建设工作从开始就要坚持高标准、严要求,处于一个比较高的起点上;精品课程教材应该能够反映各高校教学改革与课程建设的需要,要有特色风格、有创新性(新体系、新内容、新手段、新思路,教材的内容体系有较高的科学创新、技术创新和理念创新的含量)、先进性(对原有的学科体系有实质性的改革和发展,顺应并符合21世纪教学发展的规律,代表并引领课程发展的趋势和方向)、示范性(教材所体现的课程体系具有较广泛的辐射性和示范性)和一定的前瞻性。教材由个人申报或各校推荐(通过所在高校的"编委会"成员推荐),经"编委会"认真评审,最后由清华大学出版社审定出版。

目前,针对计算机类和电子信息类相关专业成立了两个"编委会",即"清华大学出版社计算机教材编审委员会"和"清华大学出版社电子信息教材编审委员会"。推出的特色精品教材包括:

(1) 21 世纪高等学校规划教材·计算机应用——高等学校各类专业,特别是非计算机专业的计算机应用类教材。

(2) 21 世纪高等学校规划教材·计算机科学与技术——高等学校计算机相关专业的教材。

(3) 21 世纪高等学校规划教材·电子信息——高等学校电子信息相关专业的教材。

(4) 21 世纪高等学校规划教材·软件工程——高等学校软件工程相关专业的教材。

(5) 21 世纪高等学校规划教材·信息管理与信息系统。

(6) 21 世纪高等学校规划教材·财经管理与应用。

(7) 21 世纪高等学校规划教材·电子商务。

(8) 21 世纪高等学校规划教材·物联网。

清华大学出版社经过三十多年的努力,在教材尤其是计算机和电子信息类专业教材出版方面树立了权威品牌,为我国的高等教育事业做出了重要贡献。清华版教材形成了技术准确、内容严谨的独特风格,这种风格将延续并反映在特色精品教材的建设中。

清华大学出版社教材编审委员会
联系人: 魏江江
E-mail: weijj@tup. tsinghua. edu. cn

信息是人类认识客观事物的基础,是改造物质世界的资源,是各种社会行为决策的依据。人类社会发展不但不可须臾离开信息,而且,发现水平、质量和速度在更大程度上取决于识别、获取和利用信息的能力。因为,信息已经成为最重要的战略资源。获取和利用信息的手段由于计算机、网络和通信技术的出现而发生革命性的变化,这种变化使信息价值得到空前提高,并使信息利用成为政治、经济和社会生活的最重要手段。

信息技术是一种崭新而又独特的文化现象。由于各种计算机软硬件、网络设施和通信设备的产生,以及计算机技术和传统机器设备的融合,使信息技术对人类物质生产工具的变革产生了至关重要的影响。如同系统论和控制论一样,信息技术理论也具有哲学意义。由于在设计、开发和使用过程中的独特性,并且在人类社会生活的方方面面得到广泛应用,信息技术也使人类精神领域发生了奇妙的变化,产生了新的思维模式、众多的交叉学科和不同以往的价值判断标准。

信息化的社会需要信息化的思维模式和信息化的技术手段。同理,信息化的审计环境需要信息化的审计思维模式和信息化的审计技术手段。然而,正如整个人类社会从过去走向现在一样,审计从传统走向现代的过程也交织着沮丧与兴奋、痛苦与快乐、山重水复与柳暗花明。

用怎样的思维方式组织审计行为?用怎样的手段获取和使用审计信息?控制与降低审计风险?用怎样的标准评价审计质量?这些问题的出现有时令人沮丧,然而寻找解决问题的过程令人兴奋;在过程中出现挫折令人苦恼,但是,看到一线希望又乐在其中。应当承认,我们现在仍处在山重水复与柳暗花明的交替变化过程之中。

在信息化的审计环境中,获取数据难,分析数据难,深度利用数据难。诸难之中,识别与判断数据质量是难中之难。因为,产生数据的信息系统在所有信息化审计事项中最为复杂,对于时下的审计人员而言最为陌生。近年来,为了克服这些困难,我们组织了数次信息系统审计实验和研究,鼓励全国审计机关积极尝试信息系统审计,并连续征集信息系统审计案例。一分耕耘,一分收获。今天,我们终于看到,多年的努力已初见成效。越来越多的审计包含了信息系统审计内容,越来越多的审计人员领悟了信息系统审计要领,越来越多的文章总结着信息系统审计经验。

在众多的信息系统审计实践者中,浙江的同事们应该是佼佼者。他们能快速接受信息技术,提升信息技术素养,提高信息技术应用水平。难能可贵的是,他们还迅速地体会了信息技术作为一种文化现象的精髓,将信息技术视为资源和效率,将信息技术的开发利用视为审计可持续发展的必经途径和手段。他们自觉地改变自己的思维方式,毫不迟疑地将信息技术带入自身的审计行为,并对后者加以变革。良好的悟性和高度的自觉,使他们很快将信息系统审计纳入重点攻关范围,在实践中学习,在总结中提高,在借鉴中成熟。

浙江同事的出色实践证明了前述的道理,即信息技术文化不仅影响着物质生产工具的变革,而且丰富着人类的精神生活。当大家还在探索之时,他们就已经毫不犹豫地将当今实践与已有理论相结合,总结成书,奉献给全国审计人员。其速度令人惊愕,其贡献令人钦佩。此事意料之外,此书情理之中。

时下,我们正在研究制订信息系统审计指南,也还在全力推动信息系统审计工作的开展。这一过程可能还很漫长,途中可能还会遇到各种障碍,但是,我们相信,有了像浙江的同事们的这种时不我待的心理、畅游科海的情怀、实事求是的态度、坚忍不拔的毅力和脚踏实地的精神,就一定能够将这一过程缩短,越过断层,达到理想的彼岸。

我们认定,此书的出版一定会有助于信息系统审计的科学研究、审计学科的建设、审计人才的培养和信息系统审计队伍的形成。

细看造物初无物,春到江南花自开。感慨为序。

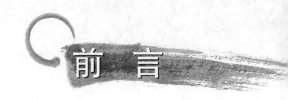

前　言

　　信息技术(IT)在组织中多层次、横纵向嵌入,改变组织业务流程,使得组织内部控制与运营受到了巨大的冲击与挑战。信息系统成为组织日常运作,甚至赖以生存的基础,基于授权和岗位分工的内部控制发展成以信息技术为基础的 IT 内部控制,信息系统的安全、稳定和可靠性对于组织的正常运营具有重要意义。信息系统及相关控制若存在风险,会严重影响组织信息披露的可靠性和组织的日常运作,甚至危及组织的生存。

　　信息系统审计是一个获取和评价证据,对计算机信息系统及其相关资产的获取与运行过程的安全性、可靠性和效益性进行专业判断的过程,审计对象包括计算机硬件、软件、网络、数据和人。信息系统审计的诞生与发展是政府和企事业单位信息化发展到一定程度的必然结果,也是审计现代化转型的必由之路。作为一名审计、信息管理等相关专业学生,以及审计实务工作者来说,掌握信息系统审计理论与实务相关知识是非常必要的。

　　本书充分借鉴当前主流的美国审计总署的联邦信息系统控制审计手册(FISCSM)、国际 ISACA 协会的信息系统审计实务手册(CISA Manual)和国际 IIA 协会的全球信息系统审计指南(GTAG)等,同时结合我国信息系统审计的相关规范及应用现状,全面系统地提出了信息系统审计的内容框架及知识体系,书中案例均在实践基础上提炼,具有很好的实务操作指导作用。

　　本书共分 11 章,第 1 章概述信息系统审计的基本概念、内容体系和审计程序等知识,提供关于信息系统审计的总体概念框架;第 2 章归纳总结当前国内外的信息系统审计准则与规范;第 3 章论述信息系统审计的常规方法和计算机辅助审计技术;第 4 章论述应用控制审计的基本知识、审计内容与程序及相关案例;第 5~9 章分别论述 IT 治理审计、信息系统开发采购审计、信息系统运营维护服务审计、信息系统安全审计和信息系统业务持续性审计共 5 个方面的一般控制审计基本知识、审计内容与程序及相关案例;第 10 章论述数据审计概念和关键技术,以及现场和非现场数据审计的不同工作流程;第 11 章论述了信息系统绩效审计概念、审计程序、绩效指标和评价方法等。

　　本书第 1 章由唐志豪、吴桂英编写,第 2 章由何世宏、陈铁锋编写,第 3 章由吴叶葵编写,第 4、5、8 章由唐志豪、冯占国、肖爱元编写,第 6 章由邱君杰编写,第 7 章由陈宪宇编写,第 9 章由齐峰编写,第 10 章由李笑璐和蒋萍编写,第 11 章由于秀艳编写。其中,唐志豪、冯占国拟定全书框架并负责定稿,吴桂英审定全书框架及内容。

　　在本书的编写过程中,得到了审计署曹洪泽、陈剑的大力支持,浙江财经学院信息学院王衍、姚建荣教授在百忙之中审阅了全稿并提出宝贵建议,在此表示深深的感谢。

　　本书得到了浙江财经学院"信息管理与信息系统"省级特色专业建设项目、浙江省公益性技术应用研究项目(2011C31024)和浙江省自然科学基金项目(Y6110396)的支持。

　　由于信息技术和审计日新月异的发展,信息系统审计理论与实践尚在探索之中,书中难免存在不足之处,恳请同行和读者批评指正。

作　者

目 录

第1章 信息系统审计概论

信息系统的普遍深入应用提升了组织效率和效益,也使得组织对信息系统日益依赖。因此,检查、监督与评价信息系统的安全性、可靠性和效率性显得更加必要,信息系统审计日趋重要与紧迫。本章主要阐述信息系统审计发展史、基本概念、内容框架和信息系统审计的程序,以及信息系统审计师的知识结构等,为学习后续章节打下基础。

1.1 信息系统审计产生与发展

1954 年,通用电气公司利用计算机进行工资计算是基于计算机的企业信息系统应用的开端。今天以集成共享为特征,对企业所有人、财、物资源进行统一管理的 ERP 系统成为企业应用信息系统的典型代表。这样的信息化环境下,企业财务软件数据源自整个信息系统其他功能模块(生产、进销存、人力资源等)的实时业务数据,在进行财务审计时,纸质会计凭证的电子化使得审计人员不得不关注电子数据的取得、分析、计算等数据处理业务,不得不考虑信息系统的安全性、可靠性和效率,以保证被审计信息的真实和可靠。

另外,伴随公共行政、公共管理与公共服务领域的信息化应用深入,电子政务系统成为政府、公共事业部门日常工作不可缺少的手段。电子政务项目投资及运作的有效性与安全性,也日益变得重要。电子政务系统审计能有效降低电子政务信息系统建设以及运营维护阶段的风险,是保证政府投资有效性和安全性的重要手段。

综合来看,信息系统审计的产生是信息化应用与审计发展的必然:一方面,企业信息化及电子政务的深入运用,使信息系统成为组织运作甚至赖以生存的基础,其安全、稳定和可靠性需要得以保障;另一方面,目前 IT 控制成为很多被审计单位内部控制的有机组成部分,国家审计、社会审计和内部审计的所处环境、审计对象都发生了变化,审计内容和重点都需要随之变化。

美国斯坦福研究院的调查报告显示 20 世纪 60 年代以后,特别是会计电算化之后,信息系统审计开始诞生。

萌芽期的信息系统审计通常称之为电子数据处理(EDP)审计或计算机审计,是作为传统审计业务的扩展发展起来的,主要是由会计事务所对金融企业进行外部审计,严格说来,萌芽期的信息系统审计与现在信息系统审计内涵还是有些不同的。

早在 1969 年,美国洛杉矶成立了电子数据处理审计师协会(EDPAA),1975 年日本情报处理开发协会也设立了 IT 审计委员会,开始了一系列的研究。1984 年,美国 EDP 审计人员协会发布了《EDP 控制目标》,提出了一系列的总控制标准。1985 年,日本通产省公开发表了《IT 审计标准》,并开始培养从事 IT 审计的队伍。20 世纪 90 年代以后,信息系统审计的需求成倍增长,大多数发达国家已普遍实行了信息系统审计。1994 年,原来 EDPAA 协会更名为信息系统审计与控制协会(ISACA),制定和颁布信息系统审计准则、实务指南等专业标准来规范和指导信息系统审计师的工作。它还设立了信息系统审计与控制基金会,从事相关领域的研究工作,ISACA 每年还举办国际注册信息系统审计师(CISA)资格考试,通过考试的人员可以申请 CISA 资格,符合 ISACA 规定的工作经验及其他相关要求的申请人会被授予 CISA 资格。

信息系统审计的发展历程如图 1-1 所示。

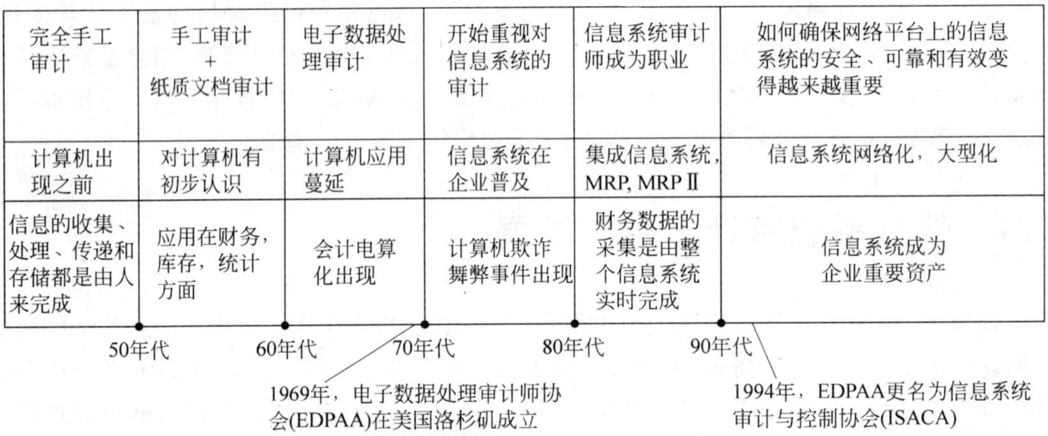

完全手工审计	手工审计 + 纸质文档审计	电子数据处理审计	开始重视对信息系统的审计	信息系统审计师成为职业	如何确保网络平台上的信息系统的安全、可靠和有效变得越来越重要
计算机出现之前	对计算机有初步认识	计算机应用蔓延	信息系统在企业普及	集成信息系统,MRP, MRP Ⅱ	信息系统网络化,大型化
信息的收集、处理、传递和存储都是由人来完成	应用在财务,库存,统计方面	会计电算化出现	计算机欺诈舞弊事件出现	财务数据的采集是由整个信息系统实时完成	信息系统成为企业重要资产

50年代　60年代　70年代　80年代　90年代

1969年,电子数据处理审计师协会(EDPAA)在美国洛杉矶成立

1994年,EDPAA更名为信息系统审计与控制协会(ISACA)

图 1-1　20 世纪信息系统审计的产生与发展

我国审计署于 1996 年 12 月颁布的《审计机关计算机辅助审计办法》是我国最早的关于计算机辅助审计的准则文件。中国注册会计师协会于 1999 年 2 月颁布的《独立审计具体准则第 20 号——计算机信息系统环境下的审计》。中国内审协会制定的《内部审计具体准则第 28 号——信息系统审计》于 2009 年 1 月颁布生效。审计署 2010 年颁布了《关于检查信息系统相关审计事项的指导意见》,提出了需要重点关注的 9 大类信息系统相关审计事项共 26 个事项,并对信息系统审计的对象、内容和方法进行了明确。

可以预见,随着我国信息化水平的提高,信息系统的有效控制与审计将逐渐成为热点。

1.2　信息系统审计概念与目标

1.2.1　信息系统审计概念

日本通产情报协会 1996 年的定义信息系统审计如下:"为了信息系统的安全、可靠与有效,由独立于审计对象的 IS 审计师,以第三方的客观立场对以计算机为核心的信息系统进行综合的检查与评价,向 IS 审计对象的最高领导,提出问题与建议的一连串的活动。"

美国学者 Ron. A. Weber 在《信息系统控制与审计》一书中对信息系统审计的定义是:信息系统审计是一个获取证据,对信息系统是否能保证资产的安全、数据的完整,以及是否有效使用了组织资源并可靠地实现了组织目标做出评价和判断的过程。

综合上述定义,可知信息系统审计概念有如下内涵:

(1) 信息系统审计主体是独立的第三方审计师;

(2) 信息系统审计对象是计算机为核心的信息系统;

(3) 信息系统审计目标是促使信息系统安全、可靠和有效;

(4) 信息系统审计是一个过程,需要审计师的专业评价与判断;

(5) 信息系统审计需要遵循相关标准与规范;

(6) 信息系统审计需要对信息系统的规划、开发、使用维护等系列活动及产物进行检查和评估。

因此,本书认为信息系统审计是一个获取证据,依据相关标准和规范开展证据评价,并对计算机信息系统及其相关资产的获取与运行过程的安全性、可靠性和效益性进行专业判断的过程。

1.2.2　信息系统审计目标

从信息系统审计的概念可以知道其有三个目标:安全性、可靠性和有效性。

系统安全性是指信息系统资源是否受到妥善保护,不因自然和人为的因素而遭到破坏、更改或者泄露系统中的信息。其中信息系统资源包括硬件、软件、网络、数据和人。

系统可靠性包括三个方面的含义:硬件、软件和数据。硬件系统的可靠性是指在一个指定的时间周期内,在给定的控制条件下,硬件系统执行所需功能的成功概率。软件系统的可靠性是指在运行环境中,在规定的运行时间内或规定的运行次数下,程序和所有数据元素运行不同测试用例的无差错概率。数据的可靠性是指数据的真实、准确和及时,它取决于系统对数据的处理过程是否准确无误,以及确保数据可靠的控制措施是否有效。

有效性是个含义丰富的目标:一方面是指信息系统是否能够实现既定的业务目标(效益性),信息系统的处理过程是否符合国家法律和有关规章制度的要求(合规性);另一方面是指系统的效率性——系统利用各种资源输出用户所需要信息的及时程度和运行速度。

1.3　信息系统审计内容体系

信息系统是一个以人为主导,利用硬件、软件、网络通信设备以及其他办公设备,进行信息收集、传输、加工、存储、更新和维护,以企业战略竞优、提高效益和效率为目的,支持企业高层决策、中层控制、基层运作的集成化的人机系统。

信息系统审计是以信息系统为审计对象的一类审计业务,因此,信息系统的所有组成部分都是信息系统审计的实体对象,包括操作系统、主机、网络、数据库、应用软件、数据、人和管理制度,如图1-2所示。

遵循目前信息系统审计的国际惯例,整合国际审计与控制协会(ISACA)的COBIT报告、美国审计总署(GAO)的FISCAM报告和美国内审协会IIA的GAIT审计指南,本书构建信息系统审计的两大内容域———一般控制与应用控制,并整理出各内容领域内的典型审计事项。

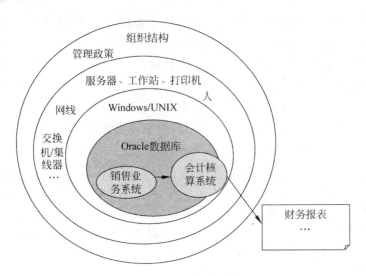

图 1-2　信息系统的逻辑组成结构

　　一般控制是指与网络、操作系统、数据库、应用系统及其相关人员有关的信息技术政策和措施。一般控制用于保障信息系统持续稳定的运行,其控制措施适用于被审计单位的所有应用系统,是一种环境上的保证。

　　应用控制指在业务流程层面为了合理保证应用系统准确、完整、及时完成业务数据的生成、记录、处理、报告等功能而设计、执行的信息技术控制。应用控制与具体应用系统紧密相关,用于保障数据处理完整和准确。

　　一般控制与应用控制之间存在如下相互影响关系:

　　(1)应用控制的有效性取决于一般控制的有效性。

　　(2)一般控制是应用控制的基础,当一般控制薄弱时,应用控制无法提供合理保障。

　　本书的信息系统审计内容框架如表 1-1 所示。

表 1-1　信息系统审计的内容体系

信息系统审计内容域	审计事项子类
一般控制审计	IT 治理
	信息系统开发采购
	信息系统运营维护服务
	信息系统安全
	业务持续性与灾难恢复
应用控制审计	参数控制
	应用程序的访问控制与职责分离
	输入控制
	处理控制
	输出控制
	接口控制
系统数据审计	现场数据审计
	非现场数据审计

1.3.1　一般控制审计

一般控制是作用于被审信息系统全部或较大范围的控制,其基本目标为确认应用系统恰当开发或实施,确保程序与数据文件的完整性,确保信息系统良好运作。比如,保证数据安全、保护计算机应用程序、防止系统被非法侵入、保证在意外中断情况下的继续运行等。

一般而言,信息系统审计师可采用如下步骤开展一般控制审计:

(1) 全面了解被审信息系统的整体架构,确定重要组件。

(2) 识别可能的关键风险点,确定关键审计域。

(3) 实施相应的审计程序,记录测试结果。

(4) 测试结果分析与评价,形成审计结论。

通常,一般控制审计常采用访谈法、观察法、调查表法、文档查阅法、测试数据法、计算辅助审计小工具等。一般控制的审计发现主要与被审系统的管理缺陷有关,可预示应用系统数据处理的不正确与不完整。

一般控制审计主要有如下 5 个方面的内容。

1. IT 治理审计

评价信息系统的管理、计划与组织方面的策略、政策、标准、程序和相关实务评估 IT 治理结构的效果,确保董事会对 IT 决策、IT 方向和 IT 性能的充分控制;评估 IT 组织结构和人力资源管理;评估 IT 战略及其起草、批准、实施和维护程序;评估 IT 政策、标准和程序的制定、批准、实施和维护流程;评估 IT 外包战略和政策,以及合同管理实务;评估监督和审计实务,保证董事和执行层能及时、充分地获得有关的 IT 绩效信息。

2. 信息系统开发采购审计

对应用系统的开发与实施过程所采用的方法和流程进行评价,以确保其满足组织的业务目标。评估拟定的系统开发或采购,确保其各个符合组织发展目标;评估项目管理框架和项目治理实务,确保组织在风险管理基础上,以成本-效益原则达成组织的业务目标;确保项目按项目计划进行,并有相应文档充分支持;评估组织相关系统的控制机制,确保其符合组织的政策;评估系统的开发、采购和测试流程,确保其交付符合目标;对系统实施定期检查,确保其持续满足组织目标,并受到有效的内部控制;评估系统的维护流程,确保其持续满足组织目标,并受到有效的内部控制。

3. 信息系统运营维护服务审计

评估组织在信息系统运行日常操作,以及 IT 基础设施的管理的有效性及效率,以确保其充分支持组织的商业目标。评估服务管理实务,确保内部和外部服务提供商的服务等级是明确定义并受管理的;评估运营管理,保证 IT 支持职能有效满足了业务要求;评估数据管理实务,确保数据库的完整性和最优化;评估能力的使用和性能监控工具与技术;评估变更、配置和发布管理实务,确保被详细记录;评估问题和事件管理实务,确保所有事件、问题和错误都被及时记录,分析和解决评估 IT 基础构架(网络、软硬件)功能,确保其对组织目标的支持。

4．信息系统安全审计

对逻辑、环境与信息技术基础设施的安全性进行评价,确保其能支持组织保护信息资产的需要,防止信息资产在未经授权的情况下被使用、披露、修改、损坏或丢失。评估逻辑访问控制的设计、实施和监控,确保信息资产的机密性、完整性、有效性和经授权使用;评估网络框架和信息传输的安全;评估环境控制的设计、实施和监控,确保信息资产充分安全;评估保密信息资产的采集、存储、使用、传输和处置程序的流程。

5．灾难恢复与业务持续性计划

灾难恢复计划与业务持续性计划是在发生灾难时,能够使组织迅速恢复并持续运行业务,需要对这些计划的建立和维护流程进行评价,包括:评估备份和恢复准备的充分性,确保恢复运营所需信息的有效性和可用性;评估组织的灾难恢复计划,确保一旦发生灾难,IT处理能力可以及时恢复;评估组织的业务持续性计划,确保IT服务中断期间,基本业务运营不间断的能力等。

1.3.2　应用控制审计

应用控制是作用于具体应用系统的控制,一般结合具体业务进行设计,可以确保数据处理完整和正确。

一个应用系统一般由多个相关计算机程序组成,甚至还有可能是复杂的集成系统,牵涉到多个计算机程序和组织部门,与此相应,它的应用控制应包括内嵌在计算机程序中的自动化控制,以及与整体业务流程相关的人工控制。自动化控制应与人工控制相结合使用,才能确保数据的正确性、完整性和一致性。

信息系统审计师一般可以采用如下步骤开展应用控制审计:

(1) 确定重要的应用系统,获取相关资料或访谈相关操作人员,充分理解系统中业务流程;

(2) 识别业务流程中关键风险点,开发合适测试方案与模拟数据;

(3) 实施相应的审计程序,测试控制的有效性;

(4) 控制缺陷分析,评价相关控制目标是否达到,形成相关审计结论。

通常,应用控制审计常用的方法有测试数据法、平行模拟法、访谈法、观察法、流程图检查法、程序编码比较法、程序追踪法、快照和嵌入审计模块等。

应用控制审计主要有如下6个方面的内容。

1．参数控制

参数控制主要涉及基本应用系统参数的设置与调整。常见的参数控制类型有参数设置的正确性、参数调整的审批与授权、参数调整日志等。

2．应用程序的访问控制与职责分离控制

应用程序的访问控制与职责分离控制必须保证只有经授权的人才可以访问系统数据或

执行授权范围内的程序功能；访问授权机制应保证不能使用其他人的口令访问系统；保证系统敏感数据的录入、修改与审核的职责分离。

3．输入控制

输入控制必须保证每一笔被处理的事务能够被正确完整地录入与编辑，确保只有合法且经授权的信息才能被输入，而且只被输入一次。在集成的信息环境中，一个系统的输出会是另一个系统的输入。

4．处理控制

处理控制用来确保应用程序处理的准确性与可靠性。常见的处理控制类型有：

（1）自动计算。例如：ERP系统中可根据物料单价、数量自动计算物料总金额；社保业务系统中可自动根据社保缴纳记录，自动计算社保金的享受待遇。

（2）流程控制。例如：在医院HIS系统中，无挂号不能进行处方、检查、取药等后续流程。

5．输出控制

输出控制主要用于保证交付给用户的数据是符合格式要求的、安全的和可靠的。常见的输出控制类型有：在安全的地方登记和存储重要表单；输出报告保管；报告接收确认；报告分发控制，尤其当一系统输出是另一系统输入时，要重点检查报告分发是否建立了相应的人工控制环节（如安全打印、接收签名、加密、只读等），以防范非法篡改与信息泄露等。

6．接口控制

接口是指为实现企业整体控制目标，而在不同系统之间进行数据、业务交换的系统通道。系统接口控制是业务整合中的关键要素，是应用控制审计的重要内容之一。

1.3.3　系统数据审计

系统数据审计直接以信息系统中的电子数据作为审计对象，按具体需要组合生成灵活多样审计信息，大大扩展了审计人员的视野。

在传统审计方式下，纸质账册提供的是信息，是加工后的数据，而开展数据审计所面对的数据没有经过人为加工处理，具有原子性，根据审计需要组合生成信息的灵活性和潜在价值远远大于加工处理后的信息，从而大大扩大了审计人员的视野，丰富了审计人员的可用信息，扩大了审计范围和内容。

审计数据来源有两类：一种是自动采集数据，即审计人员利用审计软件或数据库管理系统等采集工具，自动采集被审计单位和外部关联单位存储在信息系统数据库底层的电子数据；另一种是手动采集数据，即审计人员通过实地观察法、访谈法、文档查阅法，特别是问卷（表）调查法等手段从被审计单位和外部关联单位对相关数据进行手工采集。

1.4 信息系统审计程序

信息系统审计需要遵循规范的审计程序。一般而言,信息系统审计主要包括 4 个阶段,即审计计划、审计实施、审计报告和后续审计阶段,如表 1-2 所示。

表 1-2 信息系统审计程序及各阶段关键活动

过程域	关键活动
审计计划	确定审计关系与责任
	了解被审计单位及信息系统的基本情况
	明确被审系统涉及的关键业务流程
	初步评价被审系统的风险状况
	评估审计风险
	制定审计工作方案
审计实施	调查评估被审计单位及信息系统管理风险
	确定具体审计目标与重要性水平
	明确审计重点
	编制审计实施方案
	针对审计事项编制具体测试方案
	实施符合性与实质性测试,完成测试记录
	分析与核查测试结果
审计报告	整理评价审计证据
	复核审计底稿
	汇总审计差异,与对方管理层交流
	评价审计结果,编制审计报告
后续审计	获取与评价相关信息,对管理层是否采取恰当措施形成结论

通过明确信息系统审计的一般程序,并对各阶段的相应关键活动进行有效的管理,才能保证信息系统审计项目的质量,进而有效实现审计目标。

1.4.1 审计计划

审前计划阶段需要对被审计单位的信息系统进行初步调查,主要获取以下相关信息:被审计单位所使用的信息系统;目标审计系统的网络概况,包括主机和工作站的操作系统、病毒、数据库、网络设备部署等基本情况;被审计单位业务流程对信息化的依赖程度;与信息系统有关的管理机构及管理方式。

获取了被审计单位的信息系统基本情况后,确定审计目标与重要性水平是制定审计工作方案的关键环节,审计人员还应充分考虑以下因素:

(1) 高度依赖信息技术、信息系统的关键业务流程及相关的组织战略目标;

(2) 信息技术管理的组织架构;

(3) 信息系统框架和信息系统的长期发展规划及近期发展计划;

(4) 信息系统及其支持的业务流程的变更情况;

（5）信息系统的复杂程度；

（6）以前年度信息系统内、外部审计等相关的审计发现及后续审计情况。

该阶段的关键工作成果是审计工作方案，一般情况下，审计工作方案的主要内容包括：

（1）被审单位情况简介；

（2）审计对象与范围；

（3）审计目标；

（4）审计步骤与时间安排；

（5）审计组织与人员分工等。

1.4.2　审计实施

审计实施阶段是影响审计质量的关键阶段。该阶段审计人员应结合审计调查内容，按照被审计单位信息化环境、业务流程、内控制度等方面的风险状况，明确具体项目审计目标、细化审计内容，突出审计重点；编制审计实施方案时，要认真分析审计调查取得的资料，结合以往的审计成果，分析可能存在的问题和线索；确定审计步骤和方法，编制审计步骤和方法的原则是能够指导审计人员实施审计，具有可操作性。

审计实施方案是该阶段的重点工作成果，主要内容应包括：

（1）审计目标；

（2）被审单位及其信息系统基本情况；

（3）审计风险评估及重要性水平确定；

（4）审计内容与重点；

（5）审计方法与步骤；

（6）审计组成员与具体分工。

此外，还需要编制针对不同审计事项的具体测试方案，测试方案应包括详细的审计方法与步骤，才能具有可操作性。而且，测试完成后还需要及时形成测试记录。

1.4.3　审计报告

报告阶段主要整理汇总审计证据，项目成员讨论复核工作底稿，并就相关问题与被审方的管理层交流，直到形成最终的审计报告文档。

审计报告是该阶段的工作成果，也是整个审计项目的最终成果，内容一般包括：

（1）审计背景；

（2）审计标准与依据；

（3）基本审计结论；

（4）审计发现的具体问题与建议。

此外，还可以根据需要在审计报告中体现发现审计问题的详细说明、计算与分析性复核过程、被审单位的管理层反馈意见等。

1.4.4　后续审计

在后续阶段，信息系统审计师获取与评价相关信息，对管理层是否采取恰当措施形成结论。如果管理层针对审计报告建议已采取措施,则应该将这些情况补充进审计报告中的"管理层反馈意见",这些后续采取的纠正措施,可以作为下次审计工作的一部分。

对于国家审计来说,如果被审单位由于特殊原因,无法马上采取纠正措施,审计机关应要求被审计单位就未整改事项做出书面说明与承诺;如果被审单位无原因拒绝整改,则审计机关应根据有关法规对其进行处理处罚。

1.5　信息系统审计师的知识结构

注册信息系统审计师(Certified Information System Auditor,CISA)资格由国际信息系统审计与控制协会(ISACA)授予,是信息系统审计领域的唯一的职业资格,受到全世界的广泛认可。ISACA协会总部设在美国的芝加哥,在世界上160多个国家和地区设有分会,目前全球范围内已有超过60 000名专业人士获取资格。

随着计算机技术在管理中的广泛运用,传统的管理、风险控制和审计技术都面临着巨大的挑战。公共管理部门不断加大的信息化投资及广泛应用状况,也对如何保障电子政务投资绩效,确保电子政务的安全性、合规性与可靠性提出了严峻要求;国际会计公司、专业咨询公司都将控制风险特别是控制信息系统运行风险作为现代审计、管理咨询和服务的重点;另外,由于普遍使用大型集成的信息系统,几乎所有的大型跨国公司,都非常重视对信息系统安全及稳定性的控制,信息系统审计师成为内部审计的重要一员。来自国家审计、社会审计和内部审计的职业需求,信息系统审计师的人数正以每年40%～50%的速度增加。

合格的信息系统审计师需通晓信息系统的软件、硬件、开发、运营、维护、管理和安全知识,能够利用先进规范的审计技术对信息系统的安全性、稳定性和有效性进行审计、检查、评价和建议。

ISACA协会在CISA资格考试中提出信息系统审计师的知识与技能包括以下6个方面。

(1) 信息系统审计过程:信息系统审计职能,信息系统审计准则、指南及程序,IT审计过程及方法,控制自评估等。

(2) IT治理:IT治理框架,IT组织结构和人力资源管理,IT政策、标准和程序,信息系统管理实务等。

(3) 系统和基础设施的生命周期管理:信息系统的业务效益管理实务,信息系统的获取、开发及维护实务,信息系统的应用控制,典型应用系统,对IT系统和基础设施的审计等。

(4) IT服务提供与服务支持:信息系统的硬件、软件组成,网络基础设施简介,信息系统的运行与服务管理,对IT基础设施及IT服务管理的审计等。

(5) 信息资产保护:信息安全管理体系,逻辑访问控制,网络基础设施安全,物理与环境安全,对信息安全的审计等。

(6) 灾难恢复与业务持续性计划:业务持续性计划的重要性,业务持续性计划的制定过程,对业务持续性计划和灾难恢复的审计等。

从这6个方面的知识要求可发现信息系统审计是一门综合性的交义学科,信息系统审计师需要具备以下4个方面的理论知识:审计理论、信息系统、计算机科学和行为科学。如

图 1-3 所示。

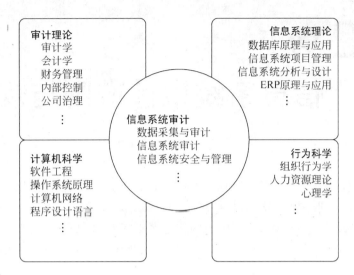

图 1-3　信息系统审计师的知识结构

（1）审计理论。审计理论为信息系统审计提供了丰富的内部控制理论与实践经验,收集并评价证据的审计方法论也在信息系统审计中广泛应用,最重要的是审计理论给信息系统审计带来的控制哲学,即用谨慎的眼光审视信息系统。该方向的主要专业知识有审计学、会计学、财务管理、内部控制、公司治理等。

（2）信息系统。信息系统理论是关于如何规划、开发、运行和改进信息系统应用的知识。信息系统是信息系统审计的直接对象,掌握信息系统相关知识是审计师打开信息系统"黑箱"的关键。该方面的主要专业知识有管理信息系统概论、数据库原理与应用、信息系统项目管理、信息系统分析与设计、ERP 原理与应用等。

（3）计算机科学。开展信息系统审计需要熟练掌握计算机技术,有利于提高信息系统审计的质量,该方面的主要专业知识有软件工程、操作系统原理、计算机网络、程序设计语言等。

（4）行为科学。人是信息系统安全最薄弱的环节,信息系统有时会因为人的问题而失败。信息系统应用过程中的人员(包括数据库管理员、系统管理员、业务操作人员等)的行为直接影响 IT 内部控制的有效性,是重要的审计内容。行为科学,特别是组织学理论为信息系统审计提供了审查信息系统相关人员行为的理论基础,解释了组织中产生的"人的问题"。分析信息系统相关人员行为方式是否与系统内控制度相吻合,也是信息系统内控评价审查的重点。该方面的主要专业知识有组织行为学、人力资源理论、心理学等。

思考题

1. 信息系统审计的定义及目标是什么?
2. 信息系统审计一般包括哪些内容? 信息系统审计程序包括哪些关键活动?
3. 要成为一名合格的信息系统审计师,需要掌握哪些知识与技能?

第2章 信息系统审计准则与规范

信息系统审计准则与规范是开展信息系统审计的依据。本章系统归纳总结当前国际主流的信息系统审计指南（FISCAM，GTAG，CISA Manual）、信息系统审计参考标准（COBIT，ISO27001，ISO20000），以及国内的信息系统审计法规和相关规范（信息安全等级保护标准、灾难恢复标准）等，为读者提供关于信息系统审计准则与规范的总体概貌。

2.1 国际信息系统审计准则与规范

2.1.1 国际信息系统审计相关法规

1. SOX 法案

2002 年 7 月，为恢复投资者对财务报告的信心，美国国会通过并颁布了《萨班斯-奥克斯利法案》（SOX）。该法案的核心诉求是规避风险，完善内部控制，由于企业的业务运作已经非常信赖 IT 系统，IT 控制已经成为企业内部控制的重要组成部分。虽然 SOX 法案的第 302 条款[①]和第 404 条款[②]本身没有直接涉及 IT 环境下的内部控制问题，但这个实质性条款影响到了 SEC 和 PCAOB 对内部控制（包括 IT 控制）的相关规范。

2003 年 6 月，SEC 发布的《最终规则：管理层的财务报告内部控制报告和交易法案定期报告中披露的确认》认为 COSO 报告满足管理层对公司财务报告内部控制有效性评价的要求。2004 年 3 月，根据 SOX 法案第 404 条款以及 SEC 的《最终规则》的要求，PCAOB 发布了《审计准则 No.2》，该准则中几乎各个方面都涉及了 IT 环境下的内部控制问题。

AICPA 发布的《美国审计准则第 319 节——在财务报表审计中对内部控制的考虑》全面接受了 COSO 框架，其中的第 16～20 条、第 30～32 条和第 77～79 条着重讨论了 IT 对财

---

① SOX 法案第 302 条款。公司对财务报告的责任："(a)对制定规章的要求——SEC 应颁布规定，对于按照 1934 年《证券交易法》第 13 节(a)或 15 节(d)部分编制定期报告的公司，应要求这些公司的首要官员（们）及首要财务官（们）（或担任同等职务的人员）在每一年度报告或季度报告中保证如下内容：……"

② SOX 法案第 404 条款。管理层对内部控制的评价：(a)内部控制方面的要求——SEC 应当相应地规定，要求按 1934 年《证券交易法》第 13 节(a)或 15 节(d)编制的年度报告中包括内部控制报告，包括：(1)强调公司管理层建立和维护内部控制系统及相应控制程序充分有效的责任；(2)发行人管理层最近财政年度末对内部控制体系及控制程序有效性的评价。(b)内部控制评价报告——对于本节(a)中要求的管理层对内部控制的评价，担任公司年报审计的会计公司应当对其进行测试和评价，并出具评价报告。上述评价和报告应当遵循委员会发布或认可的准则。上述评价过程不应当作为一项单独的业务。

务报告内部控制的影响。

美国的内部控制规范考虑了 IT 对内部控制的影响,并将这种影响融入了其以 COSO 框架为基础构建的内部控制规范体系的各个规范中,特别是在有关审计准则中更是具体规范对 IT 控制的考虑。

2. COSO 内部控制框架

COSO 内控框架是美国 COSO 委员会 1992 年发布的,COSO 委员会的主要职责是对美国经济监管部门(如财务监督、审计等部门)进行指导。

COSO 报告的核心内容是对内部控制的定义、目标和要素作了规定。报告中提出内部控制由 5 部分组成:控制环境、风险评估、控制活动、信息与沟通、监控。COSO 报告在内部控制的两个要素"控制活动"和"信息沟通"中对 IT 控制做出了一些规定。

COSO 报告的"控制活动"将对信息系统的控制分为一般控制和应用控制,认为一般控制通常包括数据中心操作控制、系统软件控制、数据访问安全控制和应用系统开发与维护控制。应用控制作用于各业务流程,有助于保证交易处理及授权的完整、准确和有效。应用控制包括对数据的格式、存在性、合理性和其他检查,这些控制功能内置在应用系统中。如果系统的控制功能设计正确,它们就能起到防止和及时纠正误差进入内控的作用。

COSO 报告在"信息沟通"要素中提到必须将信息系统的规划、设计与实施同企业的整体战略整合在一起,提到要突破单纯的财务信息系统扩展到经营活动一体化的信息系统。

2004 年,COSO 委员会发布了 COSO-ERM 框架,将内部控制扩展到了企业风险管理领域,COSO-ERM 框架不仅满足内部控制的需要,还可以用于更广泛、全面的企业风险管理过程。COSO-ERM 框架和 1992 年的 COSO 报告一样,也主要在"控制活动"和"信息沟通"中对 IT 控制做出相关规定。但是因为时隔 12 年,信息技术已经有翻天覆地的变化,所以该框架在技术上对一般控制和应用控制作了更为广泛、科学的描述。比如,引入了企业资源计划(ERP)、供应链系统(CRM)等概念。

2.1.2　国际信息系统审计准则与指南

1. 联邦信息系统控制审计手册(FISCAM)

2009 年,美国审计总署(GAO)发布了联邦信息系统控制审计手册(FISCAM),是广泛用来评估信息系统控制的国际标准。FISCAM 的 IT 控制框架如表 2-1 所示。

表 2-1　FISCAM 手册中的 IT 控制体系

一般控制	应用控制
实体安全控制	应用级一般控制
访问控制	输入控制
应用软件开发和变更控制	处理控制
职责分离控制	输出控制
应急计划	接口控制
	数据管理系统控制

在表 2-1 中，一般控制包括实体安全控制、访问控制、应用软件开发和变更控制、职责分离控制、应急计划；应用控制包括应用级一般控制、输入控制、处理控制、输出控制、接口控制、数据管理系统控制。

FISCAM 提出开展信息系统审计的总体流程包括：明确审计目标和全面了解信息系统审计范围、了解被审计单位关键业务流程、了解被审计单位网络架构、初步评价信息系统风险、识别关键控制点、制定审计计划、执行信息系统审计控制测试、撰写信息系统审计报告等。

2. 全球技术审计指南（GTAG）

国际内部审计师协会（IIA）的全球信息技术审计指南（Global Technology Audit Guide，GTAG）为首席审计执行官（CAE）和审计主管人员提供了有关信息技术管理、控制或安全方面最及时的问题。

在全球信息技术审计指南（GTAG）中，IT 控制可区分为一般控制和应用控制，同时为了更好地评估角色和责任，它把 IT 控制区分为三个层次，即治理控制、管理控制和技术控制，如图 2-1 所示。

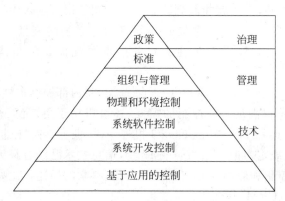

图 2-1　GTAG 的 IT 控制体系

图 2-1 中三种不同层次的控制要素并非互相排斥，它们是相互联系，并互为补充的。治理控制通常是指信息管理方针和政策、IT 绩效衡量机制和 IT 合规性等控制。管理控制通常包括系统开发标准、职责分离、变更管理、员工录用、IT 员工培训、物理环境控制等。技术控制主要包括系统软件控制（操作系统、数据库系统、网络设备等），系统开发和获取控制，以及基于应用的控制（输入、处理、输出等）。

GTAG 特别针对技术控制的相关主题发布了相应的审计指南。自从 2005 年发布第一号 GTAG 指南起至今，IIA 已发布了如下 15 项信息系统审计指南：

指南 1：《信息系统控制》。

指南 2：《变更与补丁管理控制：组织成功的关键》。

指南 3：《持续审计：确认、监督和风险评估的含义》。

指南 4：《信息系统审计管理》。

指南 5：《隐私风险的管理和审计》。

指南 6：《信息系统薄弱点的管理和审计》。

指南 7：《信息技术外包》。

指南 8：《应用控制审计》。

指南 9：《身份和访问管理》。

指南 10：《业务持续性管理》。

指南 11：《制定 IT 审计计划》。

指南 12：《IT 项目审计》。

指南 13：《舞弊预防与检测》。

指南 14：《用户自开发程序的审计》。

指南 15：《信息安全的治理》。

3. 信息系统审计手册（CISA Manual）

CISA Manual 是国际信息系统审计与控制协会（ISACA）开发的 CISA 考试的复习手册，已成为全球在信息系统审计、保障服务及控制工作上经业界广泛认可的指南手册。该手册同样将 IT 控制区分为一般控制与应用控制两类（见表 2-2），并着重对一般控制如何审计进行详细阐述。

表 2-2　CISA Manual 的 IT 控制体系

一般控制	应用控制
IT 治理	输入控制
信息系统与基础设施生命周期管理	处理程序和控制
IT 服务交付与服务支持	输出控制
信息资产保护	业务流程保证控制
灾难恢复与业务持续性	

在 CISA 手册中，一般控制审计共包括如下 5 项内容[①]：

（1）IT 治理审计：评估 IT 治理结构的效果，确保董事会对 IT 决策、IT 方向和 IT 性能的充分控制；评估 IT 组织结构和人力资源管理；评估 IT 战略及其起草、批准、实施和维护程序等。

（2）信息系统与基础设施生命周期管理的审计：评估拟定的系统开发或采购，确保其符合组织发展目标；确保项目按项目计划进行，并有相应文档充分支持；评估系统的开发、采购和测试流程，确保其交付符合目标等。

（3）IT 服务交付与服务支持的审计：评估服务管理实务，确保内部和外部服务提供商的服务等级是明确定义并受管理的；评估能力的使用和性能监控工具与技术；评估 IT 基础构架（网络、软硬件）功能，确保其对组织目标的支持等。

（4）信息资产保护的审计：评估网络框架和信息传输的安全；评估环境控制的设计、实施和监控，确保信息资产充分安全；评估保密信息资产的采集、存储、使用、传输和处置程序的流程等。

（5）灾难恢复与业务持续性的审计：评估组织的灾难恢复计划，确保一旦发生灾难，IT

---

① ISACA. CISA Review Manual，2010.

处理能力可以及时恢复；评估组织的业务持续性计划，确保 IT 服务中断期间，基本业务运营不间断的能力等。

如表 2-2 所示，CISA Manual 中的应用控制有如下 4 项内容：

（1）输入控制：用于确保每一笔被处理的事务能够被正确完整地接受、处理和记录。确保只有合法、经授权的信息才能被输入，且只输入一次。

（2）处理程序和控制：用于保证应用程序处理的可靠性，包括数据确认和编辑检查程序、处理控制（保证计算数据的完整性和准确性）、数据文件控制程序（系统控制参数、基础数据、主数据或平衡数据、事务文件）。

（3）输出控制：用于保证交付给用户的数据是符合格式要求的，可交付的，并以一致和安全的方式递交给用户。常见类型有输出报告分发、报告接收确认等。

（4）业务流程保证控制：是指支持业务过程的应用系统中设计并内嵌的控制措施。可能是管理控制、自动控制或人工控制。比如建立应用程序访问的职责分离机制，对访问权限进行阶段性审核与批准等。

2.1.3　国际信息系统审计标准与规范

1. COBIT 标准

1994 年，国际信息系统审计与控制协会（ISACA）发布了信息及相关技术的控制目标（COBIT）标准，COBIT 为企业规划、实施和更新 IT 资产，进行全生命周期管理提供了良好的控制体系。

COBIT 提出组织的 IT 资源主要有 4 大类：人、基础设施、软件应用和信息。组织的 IT 流程总共有 34 个，分别归到 4 个控制域：IT 规划和组织（PO）、系统获得和实施（AI）、交付与支持（DS）及监控与评估（ME）。COBIT 为每个 IT 过程设置了相应的控制目标体系，每个控制目标体系都由一个高级控制目标和若干具体控制目标组成，如表 2-3 所示。

表 2-3　COBIT 控制目标体系

规划与组织	交付与支持	获取与实施	评估与监控
定义 IT 战略规划	定义并管理服务水平	确定自动化的解决方案	过程监控
定义信息体系结构	管理第三方的服务	获取并维护应用程序软件	评价内部控制的适当性
确定技术方向	管理性能与容量	获取并维护技术基础设施	获取独立保证
定义 IT 组织与关系	确保服务的连续性	程序开发与维护	提供独立的审计
管理 IT 投资	确保系统安全	系统安装与鉴定	
传达管理目标和方向	确定并分配成本	变革管理	
人力资源管理	教育并培训客户		
确保与外部需求的一致性	配置管理		
风险评估	处理问题和突发事件		
项目管理	数据管理		
质量管理	设施管理		
	运营管理		

COBIT 的精华和优势主要在于：

(1) COBIT 是 COSO 和 COSO-ERM 的有益补充，使 COSO 和 COSO-ERM 在 IT 治理和 IT 控制方面更具有可操作性；

(2) 它利用控制目标来定义 IT 过程的活动目标；

(3) 采用 SEI 的能力成熟度模型 CMMI 来描述 IT 过程能力，以此作为 IT 过程能力度量标准；

(4) 基于业务平衡记分卡这种度量方法，COBIT 采用 Goal（KGI 关键目标指标）来度量 IT 过程输出；

(5) 采用 Metrics（KPI 关键绩效指标）来度量 IT 过程绩效。

2. ISO27001 标准

ISO27001 最初源于英国标准 BS7799，经过 10 年的不断改版，终于在 2005 年被国际标准化组织（ISO）采用为正式的国际标准，于 2005 年 10 月 15 日发布为 ISO/IEC 27001：2005——《ISO/IEC 27001：2005 信息技术-安全技术-信息安全管理体系-要求》。

该标准可用于组织的信息安全管理体系的建立和实施，保障组织的信息安全，采用 PDCA 过程方法，基于风险评估的风险管理理念，全面系统地持续改进组织的安全管理。

ISO27001 从政策、技术、管理和人员 4 个方面对信息安全提供了科学指导和相关的实施细则，总共包含 11 个安全要素，分别是：

(1) 安全方针。制定信息安全方针，为信息安全提供管理指引和支持，并定期评审。

(2) 信息安全组织。建立信息安全管理组织体系，在组织内部开展和控制信息安全的实施。

(3) 资产管理。核查所有信息资产，做好信息分类，确保信息资产受到适当程度的保护。

(4) 人力资源安全。确保所有员工、合同方和第三方了解信息安全威胁和相关事宜以及各自的责任、义务，以减少人为差错、盗窃、欺诈或误用设施的风险。

(5) 物理与环境安全。定义安全区域，防止对办公场所和信息的未授权访问、破坏和干扰；保护设备的安全，防止信息资产的丢失、损坏或被盗，以及对业务活动的干扰；同时，还要做好一般控制，防止信息和信息处理设施的损坏或被盗。

(6) 通信和操作管理。制定操作规程和职责，确保信息处理设施的正确和安全操作；建立系统规划和验收准则，将系统失效的风险减到最低；防范恶意代码和移动代码，保护软件和信息的完整性；做好信息备份和网络安全管理，确保信息在网络中的安全，确保其支持性基础设施得到保护；建立媒体处置和安全的规程，防止资产损坏和业务活动的中断；防止信息和软件在组织之间交换时丢失、修改或误用。

(7) 访问控制。制定访问控制策略，避免信息系统的未授权访问，并让用户了解其职责和义务，包括网络访问控制、操作系统访问控制、应用系统和信息访问控制、监视系统访问和使用，定期检测未授权的活动；当使用移动办公和远程工作时，也要确保信息安全。

(8) 信息系统的获取、开发和维护。标识系统的安全要求，确保安全成为信息系统的内置部分；控制应用系统的安全，防止应用系统中用户数据的丢失、被修改或误用；通过加密手段保护信息的保密性、真实性和完整性；控制对系统文件的访问，确保系统文档、源程序代码的安全；严格控制开发和支持过程，维护应用系统软件和信息的安全。

（9）信息安全事故。报告信息安全事件和弱点，及时采取纠正措施，确保使用持续有效的方法管理信息安全事故。

（10）业务持续性管理。目的是为了减少业务活动的中断，使关键业务过程免受主要故障或天灾的影响，并确保及时恢复。

（11）符合性。信息系统的设计、操作、使用和管理要符合法律法规的要求，符合组织安全方针和标准，还要控制系统审核，使系统审核过程的效力最大化、干扰最小化。

3．ISO20000 标准

2001 年，英国标准协会（BSI）正式发布了以 ITIL 为基础的 IT 服务管理英国国家标准 BS15000。BS15000 是世界上第一个针对 IT 服务管理的国家标准。2005 年，BS15000 正式发布成为 ISO20000 国际标准。ISO20000 标准由两部分组成：

第一部分是 ISO20000-1：2005，即《IT service management part1：Specification for Service management》，该部分内容规范了 IT 服务过程包含的 13 个流程，是认证的依据。

第二部分是 ISO20000-2：2005，即《IT service management part2：Code of practice for service management》，这部分内容主要涉及 IT 服务管理过程的最佳实践指南，旨在为实施 IT 服务管理体系提供指导。

ISO20000 标准包括服务交付、控制、发布、解决和业务等 5 大过程，共 13 个管理面，如表 2-4 所示。

表 2-4　ISO20000 标准的 IT 服务流程

服务交付过程	控制过程	发布过程	解决过程	业务过程
服务等级管理 服务报告 能力管理 服务持续性与可用性管理 信息安全管理 IT 服务预算编制与会计核算	配置管理 变更管理	发布管理	事故管理 问题管理	业务关系管理 供应商管理

ISO20000 关注 IT 系统的运营维护，追求的是 IT 服务质量。正确实施 ISO20000 能够增加信息系统正常运行的时间，迅速解决运营维护问题，加强系统的安全性，从而提高 IT 部门的服务质量。

2.2　国内信息系统审计准则与规范

2.2.1　国内信息系统审计相关法规

1．《企业内部控制基本规范》

2008 年 6 月 28 日，财政部、证监会、审计署、银监会、保监会联合发布了《企业内部控制基本规范》（以下简称基本规范）。

　　基本规范自 2009 年 7 月 1 日起先在上市公司范围内施行,鼓励非上市的其他大中型企业执行。执行基本规范的上市公司,应当对本公司内部控制的有效性进行自我评价,披露年度自我评价报告,并可聘请具有证券、期货业务资格的中介机构对内部控制的有效性进行审计。与基本规范同时还出台了 3 个内部控制指引。

　　内部控制评价指引明确指出应当对信息系统的有效性进行评价,包括信息系统一般控制评价和信息系统应用控制评价。

　　内部控制应用指引中第 18 号计算机信息系统具体规范则提出:

　　企业在建立并实施计算机信息系统内部控制制度中,至少应当强化对以下关键方面或者关键环节的风险控制,并采取相应的控制措施:

　　(一)权责分配和职责分工应当明确,重大信息系统事项应履行审批程序;

　　(二)信息系统开发、变更和维护流程应当清晰,授权审批程序应当明确;

　　(三)信息系统应当建立访问安全制度,操作权限、信息使用、信息管理应当有明确规定;

　　(四)硬件管理事项和审批程序应当科学合理;

　　(五)会计电算化流程应当规范,会计电算化操作管理、硬件、软件和数据管理、会计电算化档案管理和会计电算化账务处理等制度应当完善。

2.《中华人民共和国审计法》

　　2006 年,修正的《中华人民共和国审计法》中第三十一条规定了审计机关有权获得财政收支、财务收支电子数据和技术文档等资料,第三十二条规定审计机关有权检查运用电子计算机管理财政收支、财务收支电子数据的系统。

　　第三十一条　审计机关有权要求被审计单位按照审计机关的规定提供预算或者财务收支计划、预算执行情况、决算、财务会计报告,运用电子计算机储存、处理的财政收支、财务收支电子数据和必要的电子计算机技术文档,在金融机构开立账户的情况,社会审计机构出具的审计报告,以及其他与财政收支或者财务收支有关的资料,被审计单位不得拒绝、拖延、谎报。被审计单位负责人对本单位提供的财务会计资料的真实性和完整性负责。

　　第三十二条　审计机关进行审计时,有权检查被审计单位的会计凭证、会计账簿、财务会计报告和运用电子计算机管理财政收支、财务收支电子数据的系统,以及其他与财政收支、财务收支有关的资料和资产,被审计单位不得拒绝。

3.《中华人民共和国国家审计准则》2010 年修订版

　　2010 年最新修订的《中华人民共和国国家审计准则》分布,自 2011 年 1 月 1 日起实施。修订后的国家审计准则共分 7 章,包括总则、审计机关和审计人员、审计计划、审计实施、审计报告、审计质量控制和责任和附则。旨在规范和指导审计机关和审计人员执行审计业务的行为,保证审计质量,防范审计风险,发挥审计保障国家经济和社会健康运行的"免疫系统"功能。

　　国家审计准则分别职业胜任能力、审计计划,审计实施、获取审计证据,做出审计结论、出具审计报告等总共 12 个条款对信息系统审计的目标、内容、方法等做出了规定,表现出鲜明的关注信息系统以及信息技术环境下开展审计工作的特色。比如第二十三条规定"审计组的整体胜任能力应当包括信息技术方面的胜任能力"；第二十九条规定开展审计项目可行性研究，以及第六十条规定审计人员需调查"相关信息系统及其电子数据情况"等内容；第六十九条规定审计人员判断重要性时，要关注"是否属于信息系统设计缺陷"；第一百三十五条规定审计发现被审计单位信息系统存在重大漏洞或者不符合国家规定的，应当责成被审计单位在规定期限内整改；第一百五十一条规定审计机关在审计中发现"关系国家信息安全的重大问题"时，可以采用专题报告、审计信息等方式向本级政府、上一级审计机关报告。

其他典型条款如下：

第六十二条　审计人员可以从下列方面调查了解被审计单位信息系统控制情况：

（一）一般控制，即保障信息系统正常运行的稳定性、有效性、安全性等方面的控制；

（二）应用控制，即保障信息系统产生的数据的真实性、完整性、可靠性等方面的控制。

第六十三条　审计人员可以采取下列方法调查了解被审计单位及其相关情况：

（一）书面或者口头询问被审计单位内部和外部相关人员；

（二）检查有关文件、报告、内部管理手册、信息系统的技术文档和操作手册；

（三）观察有关业务活动及其场所、设施和有关内部控制的执行情况；

（四）追踪有关业务的处理过程；

（五）分析相关数据。

第七十三条　审计组针对审计事项确定的审计应对措施包括：

（一）评估对内部控制的依赖程度，确定是否及如何测试相关内部控制的有效性；

（二）评估对信息系统的依赖程度，确定是否及如何检查相关信息系统的有效性、安全性；

（三）确定主要审计步骤和方法；

（四）确定审计时间；

（五）确定执行的审计人员；

（六）其他必要措施。

第七十六条　审计人员认为存在下列情形之一的，应当检查相关信息系统的有效性、安全性：

（一）仅审计电子数据不足以为发现重要问题提供适当、充分的审计证据；

（二）电子数据中频繁出现某类差异。

审计人员在检查被审计单位相关信息系统时，可以利用被审计单位信息系统的现有功能或者采用其他计算机技术和工具，检查中应当避免对被审计单位相关信息系统及其电子数据造成不良影响。

第八十七条　审计人员获取的电子审计证据包括与信息系统控制相关的配置参数、反映交易记录的电子数据等。

采集被审计单位电子数据作为审计证据的，审计人员应当记录电子数据的采集和处理过程。

第九十二条　审计人员可以采取下列方法向有关单位和个人获取审计证据：

（一）检查，是指对纸质、电子或者其他介质形式存在的文件、资料进行审查，或者对有形资产进行审查；

（二）观察，是指察看相关人员正在从事的活动或者执行的程序；

（三）询问，是指以书面或者口头方式向有关人员了解关于审计事项的信息；

（四）外部调查，是指向与审计事项有关的第三方进行调查；

（五）重新计算，是指以手工方式或者使用信息技术对有关数据计算的正确性进行核对；

（六）重新操作，是指对有关业务程序或者控制活动独立进行重新操作验证；

（七）分析，是指研究财务数据之间、财务数据与非财务数据之间可能存在的合理关系，对相关信息做出评价，并关注异常波动和差异。

4.《内部审计具体准则第 28 号——信息系统审计》

为了规范组织内部审计机构及人员开展信息系统审计活动，保证审计质量，中国内审协会根据《内部审计基本准则》制定了《内部审计具体准则第 28 号——信息系统审计》，自 2009 年 1 月 1 日开始实施。

该准则对信息系统审计的一般原则、信息技术风险评估、信息系统审计内容、信息系统审计方法，审计报告和后续工作共 5 个方面的内容进行了规定。

相关的典型条款如下：

第八条　信息系统审计划分为以下阶段：审计计划阶段、审计实施阶段、审计报告与后续工作阶段。

第十一条　制定信息系统审计计划时，应遵循其他相关内部审计具体准则规定的因素，同时针对信息系统审计的特殊性，审计人员还应充分考虑以下因素：

（一）高度依赖信息技术、信息系统的关键业务流程及相关的组织战略目标；

（二）信息技术管理的组织架构；

（三）信息系统框架和信息系统的长期发展规划及近期发展计划；

（四）信息系统及其支持的业务流程的变更情况；

（五）信息系统的复杂程度；

（六）以前年度信息系统内、外部审计等相关的审计发现及后续审计情况。

第十八条　信息系统审计通常包括对组织层面信息技术控制、信息技术一般性控制及业务流程层面相关应用控制的审计。

第二十五条　信息系统审计人员可以根据需要利用计算机辅助审计工具和技术进行数据的验证、关键系统控制/计算的逻辑的验证、审计样本选取等；审计人员在充分考虑安全的前提下，可以利用可靠的信息安全侦测工具进行渗透性测试等。

5.《关于利用计算机信息系统开展审计工作有关问题的通知》

2001 年，国务院办公厅根据《中华人民共和国审计法》、《中华人民共和国审计法实施条例》的有关规定，针对利用计算机信息系统开展审计工作的有关问题做出了一系列规定，即国办发【2001】88 号文，相关的典型条款如下：

第一条　审计机关有权检查被审计单位运用计算机管理财政收支、财务收支的信息系统（以下简称计算机信息系统）。被审计单位应当按照审计机关的要求，提供与财政收支、财务收支有关的电子数据和必要的计算机技术文档等资料。审计机关在对计算机信息系统实施审计时，被审计单位应当配合审计机关的工作，并提供必要的工作条件。

第二条 被审计单位的计算机信息系统应当具备符合国家标准或者行业标准的数据接口;已投入使用的计算机信息系统没有设置符合标准的数据接口的,被审计单位应将审计机关要求的数据转换成能够读取的格式输出。

审计机关发现被审计单位的计算机信息系统不符合法律、法规和政府有关主管部门的规定、标准的,可以责令限期改正或者更换。在规定期限内不予改正或者更换的,应当通报批评并建议有关主管部门予以处理。审计机关在审计过程中发现开发、故意使用有舞弊功能的计算机信息系统的,要依法追究有关单位和人员的责任。

第四条 审计机关对被审计单位电子数据真实性产生疑问时,可以对计算机信息系统进行测试。测试计算机信息系统时,审计人员应当提出测试方案,监督被审计单位操作人员按照方案的要求进行测试。审计机关应积极稳妥地探索网络远程审计。

6.《独立审计具体准则第 20 号——计算机信息系统环境下的审计》

1999 年,为了规范注册会计师在计算机信息系统环境下执行会计报表审计业务,明确工作要求,保证执业质量,中注协根据《独立审计基本准则》,制定了《独立审计具体准则第 20 号——计算机信息系统环境下的审计》,规定注册会计师在计算机信息系统环境下执行会计报表审计以外的其他审计业务时,应当参照该准则办理。

相关的典型条款如下:

第五条 注册会计师应充分关注计算机信息系统环境对被审计单位会计信息及内部控制的影响,并考虑对审计工作的以下方面可能产生的影响:

(一)了解内部控制的程序;

(二)对固有风险及控制风险的考虑;

(三)符合性测试及实质性测试程序的设计与执行。

第十条 如果被审计单位的计算机信息系统对会计报表整体有重要影响,注册会计师还应当了解计算机信息系统环境,并考虑其对固有风险和控制风险评估的影响。

第十一条 注册会计师在研究、评价内部控制及评估审计风险时,应当考虑计算机信息系统的以下特征:

(一)缺乏交易轨迹;

(二)同类交易处理的一致性;

(三)缺乏职责分工;

(四)在特定方面发生错误与舞弊行为的可能性较大;

(五)交易授权、执行与手工处理存在差异;

(六)其他内部控制依赖于计算机处理;

(七)有利于加强管理监督;

(八)有利于计算机辅助审计技术的利用。

第十二条 计算机信息系统环境下的内部控制包括一般控制和应用控制,注册会计师应当对其进行研究和评价。

第十三条 注册会计师在研究和评价一般控制时,应当考虑以下主要因素:

(一)组织与管理控制;

(二)应用系统开发和维护控制;

（三）计算机操作控制；

（四）系统软件控制；

（五）数据和程序控制。

第十四条　注册会计师在研究和评价应用控制时，应当考虑以下主要因素：

（一）输入控制；

（二）计算机处理与数据文件控制；

（三）输出控制。

7. 信息安全等级保护法律政策

信息安全等级保护是指对国家秘密信息、法人和其他组织及公民的专有信息以及公开信息和存储、传输、处理这些信息的信息系统分等级实行安全保护，对信息系统中使用的信息安全产品实行按等级管理，对信息系统中发生的信息安全事件分等级响应和处置。

根据主体遭受破坏后对客体的破坏程度，信息安全等级保护划分为5个级别：一级自主保护级、二级指导保护级、三级监督保护级、四级强制保护级和五级专项保护级，如表2-5所示。

表 2-5　信息安全等级保护级别定义

一级自主保护级	信息系统受到破坏后，会对公民、法人和其他组织的合法权益造成损害，但不损害国家安全、社会秩序和公共利益
二级指导保护级	信息系统受到破坏后，会对公民、法人和其他组织的合法权益产生严重损害，或者对社会秩序和公共利益造成损害，但不损害国家安全
三级监督保护级	信息系统受到破坏后，会对社会秩序和公共利益造成严重损害，或者对国家安全造成损害
四级强制保护级	信息系统受到破坏后，会对社会秩序和公共利益造成特别严重损害，或者对国家安全造成严重损害
五级专项保护级	信息系统受到破坏后，会对国家安全造成特别严重损害

我国信息安全等级保护的法律法规体系主要有：

（1）国务院办公厅关于印发《政府信息系统安全检查办法》的通知（国办发〔2009〕28号）；

（2）《信息安全等级保护管理办法》（公通字〔2007〕43号）；

（3）《关于信息安全等级保护工作的实施意见》（公通字〔2004〕66号）；

（4）《国家信息化领导小组关于加强信息安全保障工作的意见》（中办发〔2003〕27号）；

（5）《中华人民共和国计算机信息系统安全保护条例》（国务院147号令，1994）。

2.2.2　国内信息系统审计标准与规范

1. 信息安全等级保护标准

为推动我国信息安全等级保护工作，全国信息安全标准化技术委员会和公安部信息系统安全标准化技术委员会组织制定了信息安全等级保护工作需要的一系列标准，为开展安全工作提供了标准保障。

信息安全等级保护标准体系从技术和管理两方面对信息安全管理提出10个方面的要求。技术方面有物理安全、网络安全、主机安全、应用安全、数据安全与备份恢复，管理方面有安全管理机构、安全管理制度、人员安全管理、系统建设管理、系统运营维护管理。部分典型标准列举如下：《计算机信息系统安全保护等级划分准则》、《信息系统安全等级保护基本要求》、《信息安全技术 信息系统安全管理要求》、《信息安全技术 信息系统安全工程管理要求》、《信息安全技术 信息系统通用安全技术要求》、《信息安全技术 网络基础安全技术要求》、《信息安全技术 操作系统安全技术要求》、《信息安全技术 数据库管理系统安全技术要求》、《信息安全技术 服务器技术要求》、《信息安全技术 信息系统物理安全技术要求》、《信息安全技术 信息安全风险评估规范》、《信息安全技术 信息安全事件分类分级指南》。

2. 灾难恢复规范标准

2005 年 4 月，国务院信息化办公室联合银行、电力、民航、铁路、证券、税务、海关、保险等国内 8 大重点行业，制定发布了《重要信息系统灾难恢复指南》，对国内各行业的灾难备份与恢复工作的开展和实施提供了指导和参考。

2007 年 7 月，经过两年的实施以及广泛征求意见，《重要信息系统灾难恢复指南》升级成为国家标准《信息系统灾难恢复规范》（GB/T 20988—2007），并于 2007 年 11 月 1 日开始正式实施。

该规范规定了信息系统灾难恢复应遵循的基本要求，适用于信息系统灾难恢复的规划、审批、实施和管理。主要包括以下几部分内容：

（1）灾难恢复行业相应的术语和定义；

（2）灾难恢复概述（包括灾难恢复的工作范围、灾难恢复的组织机构、灾难恢复规划的管理、灾难恢复的外部协作、灾难恢复的审计和备案）；

（3）灾难恢复需求的确定（包括风险分析、业务影响分析、确定灾难恢复目标）；

（4）灾难恢复策略的制定（包括灾难恢复策略制定的要素、灾难恢复资源的获取方式、灾难恢复资源的要求）；

（5）灾难恢复策略的实现（包括灾难备份系统计数方案的实现、灾难备份中心的选择和建设、专业技术支持能力的实现、运营维护管理能力的实现、灾难恢复计划的实现）。

该规范还对信息系统灾难恢复规范能力划分为 6 个等级，信息系统灾难恢复能力等级与恢复时间目标（RTO）和恢复点目标（RPO）具有一定的对应关系，如表 2-6 所示。

表 2-6　灾难恢复能力等级、RTO、RPO 对应关系一览表

灾难恢复能力等级	要　　求	恢复时间目标	恢复点目标
1 级——基本支持	要求数据备份系统能够保证每周至少进行一次数据备份，备份介质能够提供场外存放；对于备用数据处理系统和备用网络系统，没有具体要求	2 天以上	1～7 天
2 级——备用场地支持	要求配备灾难恢复所需的部分数据处理设备，或灾难发生后能在预定时间内调配所需的数据处理设备到备用场地；要求配备部分通信线路和相应的网络设备，或灾难发生后能在预定时间内调配所需的通信线路和网络设备到备用场地	24 小时以后	1～7 天

续表

灾难恢复能力等级	要　　求	恢复时间目标	恢复点目标
3 级——电子传输和设备支持	要求每天至少进行一次完全数据备份,备份介质场外存放,同时每天多次利用通信网络将关键数据定时批量传送至备用场地;配备灾难恢复所需的部分数据处理设备、通信线路和相应的网络设备	12 小时以上	数小时至 1 天
4 级——电子传输及完整设备支持	在等级三的基础上,要求配置灾难恢复所需的所有数据处理设备、通行线路和相应的网络设备,并且出于就绪或运行状态	数小时至 2 天	数小时至 1 天
5 级——实时数据传输及完整设备支持	要求每天至少进行一次完全数据备份,备份介质场外存放外,还要求采用远程数据复制技术,利用通信网络将关键数据实时复制到备用场地	数分钟至 2 天	0～30 分钟
6 级——数据零丢失和远程集群支持	要求实现远程实时备份,数据零丢失;备用数据处理系统与生产数据处理系统的处理能力一致,应用软件是"集群的",可实时无缝切换	数分钟	0

　　灾难恢复能力等级越高,对于信息系统的保护效果越好,但同时成本也会急剧上升。因此,需要根据成本风险平衡原则(即灾难恢复资源的成本与风险可能造成的损失之间取得平衡),确定业务系统的合理的灾难恢复能力等级。

思考题

　　1. 当前国际上信息系统审计的准则与指南有哪些?各自主要内容是什么?

　　2. 当前国际上有哪些信息系统审计规范可供参考?请列举 3 种。

　　3. 我国目前有哪些信息系统审计相关法规?

　　4. 比较国际 ISO27001 标准与我国的《信息安全等级保护》对信息系统安全要求的异同。

第 3 章

信息系统审计技术方法

　　信息系统审计项目的实施过程就是审计师利用众多审计技术方法实现审计目标的过程。本章首先介绍 6 种常规的信息系统审计方法，包括面谈法、调查问卷法、实地观察法、文档查阅法、平行模拟法，测试数据法。然后，着重介绍 4 种有代表性的计算机辅助审计技术，即集成测试法、嵌入式审计、连续与间歇模拟 CIS 法、审计专家系统等，并对这些技术方法的优缺点、适用性进行了分析与比较。

3.1　常规信息系统审计方法

3.1.1　面谈法

　　面谈法是指审计人员通过个别面谈和召开会议的形式找有关人员谈话，以调查了解信息系统规划、实施、应用与管理控制等情况的方法。在执行信息系统审计时，可以向被审计单位的高层管理人员、信息部门主管、系统管理人员、各业务部门的应用系统使用人员和内部审计人员就以下有关信息系统管理、应用和控制方面的问题进行询问，根据对方的回答获取审计资料[①]，常见的面谈内容及对象如表 3-1 所示。

表 3-1　面谈法的内容和被访问的对象

询问的问题	被访问的对象
了解信息系统的概况，包括主要子系统及基本功能	信息部门主管
了解原始数据来源与数据流向	数据管理员
了解是否有内部控制措施以限制对信息系统和数据的接触	信息部门主管、系统管理人员
了解组织内部控制措施从经济上来看是否合理	高层管理人员、信息部门主管
如果在应用系统中发现错误，了解错误性质并跟踪起因	高层管理人员、信息部门主管、内部审计人员
了解重要地（或重大的）错误是否能得到及时、恰当地纠正	高层管理人员、信息部门主管
了解信息系统的运行情况和满意度	系统操作人员
了解信息系统如何影响系统用户的工作质量	应用系统使用人员
了解信息系统对组织的影响情况	高层管理人员、信息部门主管

---

① 　庄明来，吴沁红，李俊.信息系统审计内容与方法［M］.北京：中国时代经济出版社，2008.

面谈法的过程一般分成如下 3 个步骤：面谈准备、面谈实施和面谈分析。

在面谈准备阶段，审计人员一般要根据面谈的目的，事先拟定调查提纲，有针对性地设计面谈的问题、提问方式等。然后根据面谈的内容，寻找组织中所需信息的最佳拥有者，即确定被访问对象，然后跟被访问对象商量好面谈的时间、地点。

在面谈实施中，除了遵循预先制定的谈话次序外，还应该注意一些基本的礼节性规则。为了便于再次利用或核实面谈的内容，审计师应以现场录音或笔记形式做好记录，面谈结束前，审计师应与被访问者一起回顾面谈的面容，对面谈内容进一步确定。面谈法有两种方式：事先拟好提纲的面谈法和随意交谈面谈法。一般情况下，是两种面谈方式相结合，审计人员先就提纲内的问题询问被访问对象，此后，采用"随意交谈方式"与被访问对象进行交谈，有时会有意外的收获。

面谈结束后，审计师应及时做好面谈结果的分析报告。在审计分析时，审计师应尊重事实，将事实与个人的看法相分离，要充分利用面谈中获取的信息来推断审计结论。如果怀疑事实有出入，应做进一点澄清和核实。

使用面谈法时，应特别注意如下几个问题：

(1) 被访问对象应既包括管理人员，也包括信息系统的应用人员。

(2) 询问的内容应该明确、具体，能让被询问者理解，便于回答。

(3) 为了使询问顺利进行，最好事先拟好内容提纲。

(4) 应采用亲和友善的交谈方式，并对询问内容认真做好记录。

3.1.2　调查问卷法

调查问卷法是采用调查问卷的方式来了解被审单位的基本情况、信息系统及其内部控制情况。调查问卷法的关键是调查表的设计。设计调查表是一门学问，问题的性质、提问的技巧、度量的尺度、调查表的布局，都会影响调查表的质量。设计调查表时，要考虑以下 3 方面的因素：

(1) 回答者的特性。设计的问题要考虑回答者的专业水平，如果回答者是信息部门主管、系统管理员或企业内部审计师，则可以提问一些专业性的问题，提问时使用专业术语也无需解释；如果回答者是信息系统的普通用户，则只能提问跟信息系统使用而不是信息系统管理相关的问题，提问时如果必须使用专业术语，则需要对专业术语进行解释。

(2) 需要收集的信息内容及其属性。应设计一些事实性的问题，以便回答者能正确理解审计师的目的所在。

(3) 问卷的管理方式。即问卷的发放方式、回收方式、汇总方式等。

调查问卷法的优点首先是易于实现，不需要借助于复杂的计算机技术和方法；其次是有利于审计人员比较全面地了解被审单位及其应用系统。审计人员可以根据审计目的，对被审系统的所有关键性的内容一一设问，要求被审单位人员一一回答。

调查问卷法的缺点首先是调查问卷法只能按项目分别考查，得到的是关于被审系统一个个"点"层面的信息，这些点层面的信息无法形成一个"面"层面的信息，所以对信息系统的了解浮于表面，无法深入；其次是对于不同行业、不同规模和信息化水平不同的企业，标准问题的调查问卷会显得不太适用，对于每个被审系统，审计人员必须有针对性地设计调查问卷，这是一项繁重的任务。

3.1.3   实地观察法

观察法是指审计人员到被审计单位的经营场所及其他有关场所进行实地察看,以证实审计事项的一种方法。实地观察的目的之一就是尽可能接近事件发生地去研究真实系统。作为观察者要遵守一定的规则,在观察时尽可能多听,少说或不说,尤其是要注意那些一闪即逝的有用的信息。通过观察业务操作流程和岗位之间相互制约程度以及检查内部制度的执行情况等手段,发现线索并直接获取证据。

观察内容包括被审计单位的经营场所、被审计单位计算机环境下的业务活动和内部控制运行情况、信息系统的物理场所、计算机设施、计算机操作过程、数据备份与存储过程、网络环境下数据库管理的操作过程等。

实地观察法有利于审计人员掌握被审单位和系统的第一手资料,但这种方法也有它的局限。实地观察法的局限是:观察提供的审计证据仅限于观察发生的时间和地点,并且在相关人员已知被观察时,相关人员从事活动或执行程序可能与日常的做法不同,从而影响内部审计人员对真实情况的了解。

3.1.4   文档查阅法

文档查阅法指审计人员通过查阅有关文件或书面材料,获取审计证据,了解被审计单位信息系统情况的方法。审计师可以对被审计单位内部或外部生成的,以纸质、电子或其他介质形式存在的记录或文件进行审查。查阅文件可提供可靠程度不同的审计证据,审计证据的可靠性取决于记录或文件的来源和性质。

进行信息系统审计时,要根据审计的目标,查阅相关的文档。如果要对被审计单位的内部控制制度进行审计,则要查阅以下信息系统内部控制和管理的文档:

(1) 被审计单位的职责说明书或程序手册;

(2) 被审计单位的组织结构图,特别是 IT 部门的组织结构及职责分工;

(3) 有关信息系统的管理决策与规划资料;

(4) 信息系统规划、开发、实施、应用与管理文件;

(5) 与信息系统有关的会议记录;

(6) 信息系统操作手册;

(7) 系统评审会记录与系统维护;

(8) 日志文件;

(9) 信息系统管理制度与灾难恢复计划;

(10) 前任审计的工作底稿。

3.1.5   平行模拟法

平行模拟法(Parallel Simulation,PS)是通过比较企业实际业务数据在被审程序和模拟程序中的处理结果,以判断被审程序功能是否正确的一种系统功能审查方法[①]。其中的模

---

① （美）詹姆斯·A. 霍尔(Jame A. Hall)著. 信息系统审计与鉴证[M]. 李丹等译. 北京:中信出版社,2003.

拟程序可以是审计程序、其他工具软件或与被审系统功能相当的应用程序。

平行模拟法的测试步骤如下：

(1) 审计师在询问相关人员、查阅系统文档资料、了解被审系统处理和控制功能的基础上，获得一套具有与被审系统相同处理和控件功能的模拟程序，该模拟程序已事先被证明是正确的处理程序。

(2) 审计师将被审单位实际业务数据分别输入模拟程序与被审程序进行处理，获得各自的处理结果。

(3) 比较两种处理结果，确定被审程序功能是否正确。

由于模拟程序已事先被验证是正确的，如果被审程序和模拟程序得到了不同的处理结果，那就说明被审程序的处理功能可能存在问题，需要进一步审查不一致的原因。模拟程序可以让审计师随时对被审程序进行抽查，不会破坏被审单位的数据文件，不会干扰被审单位的正常业务处理。但是模拟程序的获得，以及模拟程序随着被审程序的更新而更新，非常困难；同时审计师要从企业繁杂的业务数据中抽取一部分在模拟程序中处理，抽取的数据是否有代表性会直接影响审计结论。所以这种方法比较适合于被审系统是一种通用的应用软件，在获得被审系统的开发公司提供免费的标准程序以作审计程序设计参考的情况下，审计单位开发出一套利用率高的模拟程序，以降低审计成本。

3.1.6 测试数据法

测试数据法是从计算输入开始，跟踪某项业务直至计算机输出，以检验应用程序、控制程序和系统可靠性的一种方法，这种方法采用的用于测试的业务数据称之为测试数据。测试数据法是审计师收集审计证据的重要技术，但要对整个程序进行测试是不现实的，因此，通常审计师要使用风险分析技术等方法判断出被审程序各模块的重要性，选择比较重要的并作为审计报告基础的那些模块。

测试数据法的审计步骤是先将测试数据输入信息系统，经程序处理后输出，然后将输出与经审计师手工或借助计算工具预先计算好的预期结果进行比较，从而确定系统的控制及应用程序在逻辑上是否正确，如图 3-1 所示。

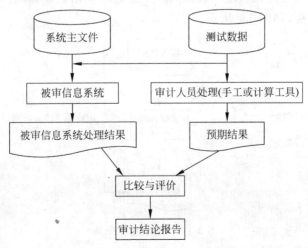

图 3-1 测试数据法的实施步骤

1．测试用例的设计

测试数据法的关键是设计测试用例。设计测试用例时，审计人员应该准备一套完整的交易——既包括有效交易也包括无效交易。其中，有效交易指正常的、无误的业务数据；而无效交易指有错漏的、不完整的、不合理的或不正常的业务数据。前者用于审查被审系统的业务处理功能是否恰当，后者用于审查被审系统控制功能是否健全有效。

正常有效的测试数据来源，可以是被审单位过去或现在的实际业务数据，也可以是审计师设计的正常测试数据。设计的数据要尽可能覆盖被审程序的所有输入、处理、输出等控制功能。

无效的测试数据一般由审计师根据被审程序的控制功能及具体的测试目标进行设计，可以根据以下类型加以设计：

（1）不合理的业务，如业务的有关数据超出阈值；

（2）无效的业务，如不存在的科目代码或商品代码的业务；

（3）不完整的业务，如缺少某些数据项目的业务；

（4）顺序错误的业务，如记账凭证编号出现断号或重号；

（5）溢出业务，如输入的数据超出该字段预定的宽度。

设计无效测试数据可用来审查被审程序能否将这些业务测试出来，拒绝接受，并给出恰当的错误信息提示。

2．两种数据测试的方法

有两种通过运行测试数据来测试程序模块的基本方法：一是黑盒测试（Black Box Testing），通常也称功能测试或数据驱动测试；二是白盒测试（White Box Testing），通常也称逻辑驱动测试、面向路径的测试或代码测试。

1）黑盒法测试

黑盒法把测试的程序模块看成一个打不开的黑盒子，在完全不考虑程序内部结构情况下，利用测试数据来对系统进行测试，以检查程序功能是否按照需求规格说明书的规定正常使用，程序是否能够适当地接收输入数据而产生正确的输出信息，并且保持外部信息（如数据库或文件）的完整性，如图 3-2 所示。

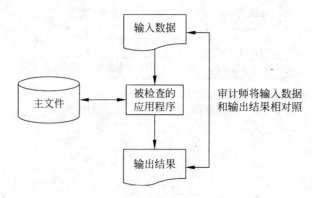

图 3-2　黑盒法测试思路

黑盒法主要有等价类划分法、边界值分析法、因果图分析法、错误推测法等方法。

（1）等价类划分法。等价类划分法是将输入数据的可能值分成若干个"等价类"，用每一类中的一个代表性值在测试中的作用等价于这一类中的其他值，即如果某一类中的测试用例发现了错误，这一等价类中的其他测试用例也能发现同样的错误；反之，如果某一类中的测试用例没有发现错误，则这一类中的其他测试用例也不会查出错误[①]。

（2）边界值分析法。经验表明，许多程序在处理边界情况时，容易发生错误，因此，设计使程序运行在边界情况的测试用例，就可能发现系统更多的错误。根据边界值分析法，应该为上述等价类选择刚好等于、稍小于和稍大于边界值的数据作为测试用例。

（3）因果图分析法。上述等价类划分法和边界值分析法未考虑输入条件的组合对输出数据的影响。因果图分析法采用形式化语言（有严格语法限制的语言），将用自然语言描述的规格说明转换成因果图，借助因果图列出输入数据的各种组合与输出结果的对应关系，构造判定表，根据判断表来设计测试用例。

（4）错误推测法。错误推测法指审计师根据经验或直觉来推测程序中可能存在的各种错误，从而有针对性地编写检查这些错误的测试用例。这种方法从很大程度上依靠审计师的经验和直觉，容易出现遗漏系统错误的情况。

2）白盒法测试

白盒法是将程序看成一个透明的盒子，在完全了解程序的结构和处理过程的前提下，按照程序内部的逻辑测试程序，检验程序中每个路径是否能按照预定要求正确工作，如图 3-3 所示。

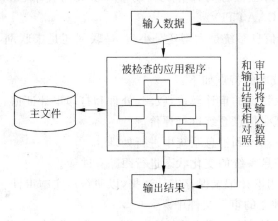

图 3-3　白盒法测试思路

白盒法测试时，测试用例的选择建立在程序代码检查的基础上，而不是程序的规格说明。白盒法主要有语句覆盖法、分支覆盖法和路径覆盖法等。

（1）语句覆盖法。语句覆盖法的含义是选择足够多的测试数据，使被测试程序中的每条语句至少执行一次。语句覆盖法的缺点是对程序的逻辑覆盖很少，不能保证所有分支的结果都能正确地得到测试，并且语句覆盖只判定表达式的值，而没有分别测试表达式中每个

---

① 陈耿，王万军. 信息系统审计[M]. 北京：清华大学出版社，2009.

变量取不同值时的情形。

（2）分支覆盖法。分支覆盖法的含义是运行一系列测试用例，不仅每个语句至少执行一次，而且每个判断的每个分支（判断表达式每种可能取值）应该至少执行一次。但是分支覆盖法同语句覆盖法一样，只判定表达式的值，而没有分别测试表达式中每个变量取不同值时的情形。

（3）路径覆盖法。路径覆盖法是最强的白盒测试法，要求运行足够多的测试用例，使程序的每条可能的路径都至少执行一次。路径覆盖法不仅要保证每个判断的每个分支（判断表达式每种条件和每种可能的结果）应该至少执行一次，还要分别测试表达式中每个变量取不同值时的情形。

3.2 计算机辅助审计技术

在高度计算机化的信息系统中，如果只采用常规审计方法显然是不够的，无论是审计证据的收集、评价，还是实现审计工作的自动化，都需要借助计算机这个现代化工具才能更高效率地完成。

早在 20 世纪 80 年代，国际会计师联合会在其发布的《国际审计准则 16——计算机辅助审计技术》(1984 年)就指出：“审计程序的运用，可能要求审计人员考虑利用计算机技术作为一项审计的工具。计算机在这方面的各种使用称为计算机辅助审计技术。”

计算机辅助审计技术(Computer Assisted Audit Techniques, CAATs)由于通常使用众多的计算机工具，故通常也被称为计算机辅助审计工具与技术(Computer Assisted Audit Tool and Techniques, CAATTs)。

通常情况下，无论信息系统是大型还是小型，是联网还是未联网，审计师都可以采用计算机辅助审计技术。

计算机辅助审计技术的特点如下：

（1）在系统中嵌入特殊的审计模块，收集、处理和打印审计证据。

（2）利用测试数据对信息系统进行评价。

（3）选择若干事务输入到信息系统中进行处理。

（4）对运行中的信息系统的变化状态进行跟踪和映像。

（5）某些情况下，用审计记录保存审计证据，以便今后实施审计。这些记录可以存放在应用系统文件或某个独立的审计文件中。

经过多年的信息系统审计实践，国内外出现了许多计算辅助审计技术。从采用的工具与技术类型来看，CAATs 包括通用审计软件、专用审计软件、被审系统或程序跟踪和定位软件、审计专家系统。CAATs 按其采用的方法不同，可分为基于程序分析的 CAATs 和基于数据分析的 CAATs。基于程序分析的 CAATs，主要关注被审程序不同阶段的查证，一般采用检查数据流、检验数据和文件的完整性、嵌入审计模块和其他工具等不同方式，主要技术方法有测试数据法、集成测试法、程序编码比较法、受控处理法、受控再处理法、平行测试法、追踪法等。基于数据分析的 CAATs 则只关注数据提取与分析，主要的技术方法有嵌入式审计法、系统控制审计复核文件法等。

限于篇幅，下面选择以下几种最主要的 CAATs 技术进行详细介绍。

（1）集成测试法（Integrated Test Facility，ITF）。

（2）嵌入式审计（Embedded Audit Module，EAM）。

（3）连续与间歇模拟（Continuous and Intermittent Simulation，CIS）。

（4）审计专家系统（Audit Expert System，AES）。

3.2.1　集成测试法

集成测试法又称综合测试法，它是在被审系统正常处理其业务时，用测试数据对系统进行检测[①]。

集成测试法要求在被审系统中建立一个虚拟实体，并让被审系统处理该虚拟实体的测试数据。例如，如果被审系统是工资支付系统，可以在数据库中建立一个虚拟的职工；如果被审系统是存货核算系统，可以在数据库中建立一个虚拟的存货项目。测试数据和正常业务数据一同被输入到被审系统进行处理，通过将被审系统对虚拟实体数据的处理结果同预期的结果进行比较，可以确定被审系统的处理功能和控制功能是否恰当、健全。

实施集成测试法审计的两个关键问题是：测试数据如何输入？测试完成后，如何消除集成测试法处理给系统带来的影响？

1. 设计与输入集成测试的数据

使用集成测试法时，有两种方法输入测试数据：标记事务法和模拟数据法。

1）标记事务法

使用标记事务法时，审计人员需要对被选中的事务做标记，同时，被审系统中必须有特定的计算机程序能够识别出带标记的事务，如图 3-4 所示。

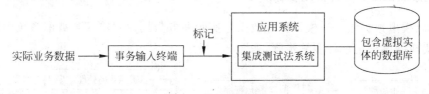

图 3-4　标记事务法

通常，选择和识别集成测试法事务有如下 3 种方法：

（1）可以在主文件中设置一个特殊的标记字段或筛选格式，按照审计师的审计目的人工筛选事务，指示某个事务需要进行正常事务处理和集成测试法处理。

（2）可以在应用系统的程序中嵌入审计软件模块，在软件模块中设置交易被选择审计的条件，利用软件模块自动选择事务并给交易加标记使其成为集成测试法事务。

（3）在应用系统中嵌入抽样程序，抽样程序根据抽样计划给事务做标记，使其成为集成测试法事务。

2）模拟数据法

使用模拟数据进行集成测试时，既可将实际业务事务数据作为测试数据，也可以将模拟

---

① （美）詹姆斯·A.霍尔（Jame A. Hall）著. 信息系统审计与鉴证［M］. 李丹等译. 北京：中信出版社，2003.

数据与实际业务数据混合作为测试数据,如图 3-5 所示。

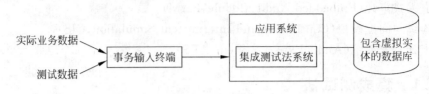

图 3-5　模拟数据法

审计人员首先为虚拟实体设计出模拟测试数据,并在数据的主关键字段中插入虚拟实体的唯一标识符,从而可以识别哪些是集成测试法事务。在集成测试法中,这两种测试数据输入方法各有其优缺点,如表 3-2 所示。

表 3-2　两种测试数据输入方法的比较

	标记事务法	测试数据和实际数据混合法
优点	简单易用; 是对信息系统实际事务处理的测试	精心设计的测试数据覆盖面广,能对系统进行较全面的审计;不必为了满足标记和特殊处理测试数据而去改动应用系统
缺点	由于运用实际事务数据,测试覆盖率可能低;在应用系统中用于识别被标记事务以及进行特殊处理的外来程序可能影响系统的正常运行,例如,降低系统的响应速度,如果外来程序有错,则会给应用系统带来隐患	测试数据的设计和生成是费时费力的工作

2. 集成测试法的审计实施步骤

下面以模拟数据法——模拟测试数据与实际业务数据一起输入到被审系统中的方法为例,介绍集成测试法的审计实施步骤,如图 3-6 所示。

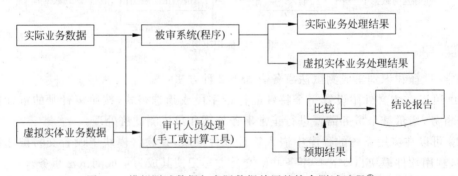

图 3-6　模拟测试数据与实际数据并用的综合测试过程[①]

(1) 根据被审计系统的处理和控制功能以及系统审计的目标,审计人员在被审系统中建立一个虚拟实体,并为虚拟实体设置测试业务和测试数据。

(2) 审计人员通过手工或计算机工具获得测试业务处理正确的预期结果。

---

① 庄明来,吴沁红,李俊. 信息系统审计内容与方法[M]. 北京:中国时代经济出版社,2008.

（3）在被审系统正常运行时，把虚拟实体的测试数据和实际业务数据一起输入到被审系统中进行处理，获得系统对虚拟实体测试数据的处理结果。

（4）把被审系统对虚拟实体测试数据的处理结果与预期的结果进行比较，进而判断被审系统的处理功能的正确性和控制功能的完备性。

（5）删除虚拟实体的测试数据，或者抵消各测试数据对被审系统处理、输出等方面的影响。

3. 消除集成测试法事务对系统输出的影响

由于集成测试法审计测试是在系统实际业务处理过程中进行的，如果未能及时、恰当地处理输入其中的模拟测试数据，这些模拟测试数据可能对被审计单位实际业务交易和汇总信息造成破坏性的影响。

审计人员可使用以下两种方法来消除集成测试法事务的影响：

（1）修改应用系统的部分程序。通过修改被审单位应用系统的部分程序，使该系统可以识别集成测试法事务，进而在审计人员获得审计证据后，系统借助该被修改的程序清除这些测试数据，消除它们对被审系统的影响。这种方法的好处是简单易行，因为编程比较直接。然而，这种方法增加了开发、维护、运行软件的费用；同时，在应用系统中不相干代码的存在增加了系统出现错误的风险。

（2）输入冲销业务。在处理完虚拟实体的测试数据后，及时向系统输入冲销业务，以冲正测试业务对被审系统处理和输出的影响。例如，对原来的总账凭证业务设计的测试数据，可采用填制红字冲销凭证的方式予以抵消；对原来设计的销售收入的测试数据，采用销售退货的方式冲减销售金额。这种方法的好处是简单，不必修改应用系统。但它也有几个缺点：其一，审计会员难以确保所有的集成测试法事务均被抵消。如填制红字冲销凭证可以冲正总账中相应科目的明细账、总账余额，但是如果该凭证涉及的业务有银行账、部门账、往来账等辅助业务，则很难保证所有的这些账本中都完整地实现了业务抵消。其二，由于事先输入的测试数据和后续输入的抵消业务存在时间差，在这个时间差内，被审单位可能根据错误的汇总数据做出错误的决策，从而蒙受损失。其三，即使提交了冲销业务，一些输出结果仍可能受到测试数据的影响。如上述凭证业务中，科目的余额被冲正以后，科目的借贷方累计发生额还是受到测试数据的影响。此外，要通过输入冲销业务达到消除集成测试法影响的目的，审计人员应对测试数据了如指掌，才能及时采取措施消除其影响。

4. 集成测试法的优缺点及适用性

在审计实务中，集成测试法是一项很普及的审计方法，其基本原理容易为审计人员所掌握，易于推广，应用范围也很广泛，既适用于在线实时系统，也适用于批处理系统。两种测试数据输入模式各有其优缺点。

标记事务法对现场交易数据进行标记作为测试数据，其操作简单易行，是一种贴近实务的测试方法。其不足之处是实际业务数据覆盖面有局限，可能限制审计人员对被审系统的全面测试。而且，这种在被审系统中追加代码来识别带标记的交易并以特定方式处理这些交易的做法，可能会影响被审系统的正常处理。

模拟测试数据与实际数据并用的综合测试方法的优点是：由于测试数据和实际数据的

处理方式完全一样,不需要特殊的处理过程,因此运行费用会很低。其缺点是:由于测试数据和实际业务数据一并输入到被审系统中,对被审系统的正常运行干扰比较大,如果没有及时、完全地消除测试数据,可能给被审系统的处理和输出带来破坏性的影响;此外,由审计人员设计测试数据,费时、费力,设计的测试数据也不一定全面,因而也有可能遗漏一些系统错误或弊端。

集成测试法通常用来对大型计算机应用系统进行审计,这些系统通常使用实时处理技术,容易实现同步测试、实时处理,故其应用范围十分广泛。

3.2.2　嵌入式审计

嵌入式审计又称嵌入式模块审计法,是指在被审系统的开发阶段中,在该被审系统中嵌入为执行特定的审计功能而设计的应用程序,以便在以后的审计过程中利用该嵌入的审计模块对被审系统功能与控制进行审查的方法。

嵌入在被审计系统中的审计程序一般可分为两类:

一类主要是在一些特定点上对系统的处理进行实时监控的程序。只要被审系统一启动,这类审计程序就在特定的处理环节对系统进行连续监控。例如,在销售系统中可以嵌入审计模块,当交易金额大于等于一定金额时,系统将该笔交易同时复制到审计文件中。

另一类嵌入的审计程序则是只有当审计人员调用时才执行的程序。例如,在上述的销售系统中也可以嵌入一个审计程序,该审计程序需要审计人员人为地调动,才会将调用期间的各笔业务数据复制到审计文件中。

嵌入式审计实施步骤如图 3-7 所示。

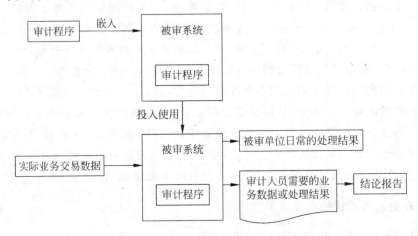

图 3-7　嵌入式审计模块实施步骤[1]

嵌入式审计的前提是信息系统在开发的过程中,根据信息系统功能和控制审计的需要,并根据审计人员对被审系统采集、处理、输出审计数据的需要设计了相应的审计模块,把审计模块嵌入到被审系统中。在此前提下,嵌入式审计才能按以下步骤操作:

(1)运行被审系统,被审系统在处理被审单位日常业务、输出各类经营结果信息的同

---

① 　庄明来,吴沁红,李俊.信息系统审计内容与方法[M].北京:中国时代经济出版社,2008.

时,启动嵌入其中的审计模块输出审计人员所需的各类审计数据。

(2) 审计人员根据审计程序运行处理的记录,包括交易记录和处理结果进行分析判断,得到审计结论。

嵌入式审计的优点主要有:

(1) 由于嵌入审计模块本身具有隐蔽性、安全性和稳定性的特点,非审计人员难以看到这些审计模块和自动形成的审计数据。所以,审计人员能够通过这些审计模块客观地取得对被审系统测试的结果[1]。

(2) 在被审单位处理业务数据的同时获取审计证据,可保证审计数据真实来自被审单位实际应用系统,可以弥补数据处理后进行的审计测试中难以确信被审程序是否就是被审单位实际应用系统的缺陷。

(3) 可以获得充足的审计数据。只要被审程序开始运行,审计程序模块就处理监控状态,可以实时搜集充足的审计线索。

嵌入式审计的缺点主要有:

(1) 会降低系统性能。审计模块与被审程序并行运行,会增加系统的开销。

(2) 嵌入的审计模块本身的安全性、完整性问题。

(3) 要取得被审单位的积极配合存在一定难度。被审单位出于隐私保护以及系统安全性的考虑,一般不愿意让审计人员在其应用系统中嵌入审计模块。

嵌入式审计除了作为一个实质性测试技术外,它还可用来实时监督被审系统的日常处理,例如,可以审查嵌入式审计选取的交易授权是否恰当,处理是否完整以及过账是否准确等[2]。但这种方法要求审计人员在系统开发之初就参与系统的分析与设计,完成审计模块的嵌入,在目前来说还难以采用这种方法来实施信息系统审计,当前,这种方法更多为被审单位内部审计所使用。

3.2.3　连续与间歇模拟法

连续与间歇模拟法的特点是适用于具有数据库管理系统的被审系统。嵌入式审计需要审计人员在被审系统中嵌入审计程序去"捕获"异常,连续与间歇模拟法则是用数据库管理系统去"捕获"异常,被审系统未触动。运行过程中,当被审系统调用了数据库管理系统提供服务时,数据库管理系统指示连续与间歇模拟法接受服务请求,随后连续与间歇模拟法决定是否由数据库管理系统继续检查该服务[3]。

连续与间歇模拟法审计实施步骤如图 3-8 所示。

(1) 当被审系统处理日常事务、读取数据管理系统时,连续与间歇模拟法系统被调用并进行处理,接着连续与间歇模拟法确定是否需要继续检查该事务。连续与间歇模拟法根据统计抽样标准或事务的某种特征选择事务,如果事务被选择,就继续执行以下的步骤,否则连续与间歇模拟法就等待下一个事务。

---

① 何冬凤.注册会计师常用的网络交易数据库的审计技术[J].湖南税务高等专科学校学报,2006(1):21.
② 庄明来,吴沁红,李俊.信息系统审计内容与方法[M].北京:中国时代经济出版社,2008.
③ 胡克瑾等.IT 审计[M].北京:电子工业出版社,2004.

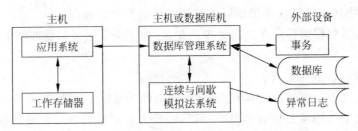

图 3-8　连续与间歇模拟法审计步骤示意图①

（2）数据库管理系统向连续与间歇模拟法系统提供被审系统执行事务所需要的所有数据。连续与间歇模拟法用这些数据处理事务。也就是说，连续与间歇模拟法重复被审系统的执行过程，而且是以平行模拟程序重复执行的方式进行的。

（3）连续与间歇模拟法需要检验平行模拟程序的处理结果是否与被审系统的处理结果相同。如果存在差异而且差异很严重，连续与间歇模拟法就阻止数据库管理系统执行由被审系统要求的对数据库更新。

（4）连续与间歇模拟法将异常写入日志文件，连续与间歇模拟法需要一个报告系统及时地、针对性地生成报告日志文件。

最初的数据库管理系统需要经过改动以适应"捕获"被审系统异常的需要，这样就降低了连续与间歇模拟法的经济性。现在的数据库管理系统允许用户构造自己的模型，由数据库管理系统调用这些模型，因此，连续与间歇模拟法不失为一种经济且有效的审计方法。

连续与间歇模拟法的优点是：首先是它不需要对被审系统进行任何改动，因为审计程序是由数据库管理系统调用的；其次是连续与间歇模拟法具有在线审计能力，能实时地将被审系统中的错误记录到异常日志中。

连续与间歇模拟法缺点是：难以实施，因为它处于在线实时环境中而不是离线或批处理环境中。

连续与间歇模拟法能够动态地、实时地采集审计信息，在网络化系统中，它有利于审计人员在联机状态下进行实时数据采集，特别是对重要业务的处理、关键的处理程序、上机操作记录等实施动态数据采集和监控。

3.2.4　审计专家系统

审计专家系统就是在特定领域中具有专家水平的处理能力，反映专家决策过程的计算机系统。它能运用专家们的知识和经验，模拟专家的思维过程，求解需要专家才能解决的困难问题。专家系统允许用户用自然语言输入用户请求，专家系统在"解释机构"的作用下理解用户的请求，调用存储在"数据库"、"知识库"中的专家知识，在"推理机"的作用下求解问题，最后，将结论通过人机界面呈现给用户。

审计专家系统在信息系统审计中的应用主要是可以帮助审计师共享其他审计师的经验知识。随着信息技术的发展，企业信息系统规模越来越大，内部结构越来越复杂，这使得审计师要掌握的知识面越来越广，超出了单个审计师的能力范围。因此，广大的审计师需要分

---

① David Coderre. CAATTs and Other Beasts for Auditors. Global Audit Publication, Vancouver B. C., Canada.

工合作,将各自的知识经验植入到专家系统,通过专家系统传播和分享这些知识经验,以提高收集证据和评价证据的能力。

审计专家系统在信息系统审计中的应用主要有以下几个方面:

(1)风险分析:协助评价被审对象的重要性和风险水平。

(2)内部控制评价:协助找出被审系统内部控制的薄弱点。

(3)审计流程设计:根据被审对象特点,设计审计流程。

(4)技术性建议:提供审计技术性问题的合适建议。

随着计算机软硬件技术的发展,信息处理朝着人工智能方向发展。同样,审计专家系统也是信息系统审计技术的发展方向。虽然目前因为种种原因,实用的审计专家系统还很少,通用的审计专家系统更是没有。因此,还需要广大信息技术人员和广大审计师持续不断的共同努力,促进通用的审计专家系统的开发和应用。

思考题

1. 简述常规信息系统审计技术、主要特征及适用范围。
2. 简述计算机辅助审计技术与工具的内容、实施步骤、优缺点及适用范围。
3. 简述在审计实务中如何选择合适的信息系统审计技术和方法。

第4章

信息系统应用控制审计

应用控制是应用系统层面的控制,是确保特定业务流程正常运转的重要措施。应用控制审计是信息系统审计的重点难点,需要结合具体应用系统业务流程和后台数据库数据,有针对性的展开实施。本章首先介绍了应用控制的定义、关键控制活动和重要控制风险,然后从 6 个方面详细阐述应用控制审计的主要内容和审计程序,最后结合某社保系统审计案例对所述内容进行了补充阐述。

4.1 信息系统应用控制概述

一般控制影响被审计环境中所有的系统软硬件、数据和人员;应用控制与交易有关,是作用于具体应用系统的控制,它是为保证完整准确地处理数据、有效应对潜在风险而对特定应用系统进行的控制活动。应用控制既可通过程序编码以自动化控制方式实现,也可通过手工方式实现。为了提高内部控制水平,应尽可能地把业务处理规则、控制规则嵌入应用系统,实现自动控制。

应用控制的目标是确保:

(1) 计算机系统中仅有完整、准确和有效的数据被输入和更新;

(2) 处理过程完成了正确的事务;

(3) 处理结果与预期目标相符合;

(4) 可以记录并能追踪数据从输入到存储到最终输出的整个处理过程。

4.1.1 应用控制关键活动

信息系统应用控制的关键控制活动主要包括参数控制、应用程序访问与职责分离控制、输入控制、处理控制、输出控制和接口控制等 6 个方面。

1. 参数控制

参数控制是对应用系统重要参数的创建和维护进行审批控制,以确保其正确性、完整性和一致性。

2. 应用程序访问与职责分离控制

应用程序访问与职责分离控制是确保应用系统安全、防范人为舞弊风险而实施的控制活动。例如,业务系统的数据录入、调整与审批职责分离、不同业务部门对应用系统不同功能模块的访问权限设置等。

3. 输入控制

输入控制是为了确保输入应用系统数据的真实性、完整性和准确性而实施的控制活动,它必须保证每一笔被处理的事务能够被正确完整地录入与编辑,确保只有合法且经授权的信息才能被输入,而且只被输入一次。

4. 处理控制

处理控制是为了确保应用系统数据处理的准确性和可靠性而实施的控制活动。确保应用系统按规定对数据进行处理,例如:能够对经济业务进行正常处理,业务数据在处理过程中没有丢失、增加、重复或不恰当的改变,处理中的错误能够被发现并得到及时更正。

5. 输出控制

输出控制是为了确保应用系统输出信息的准确性,以及所交付使用者必须是经过合理授权的用户而实施的控制活动。

6. 接口控制

接口是实现应用程序与其他输入输出系统间信息交互的纽带和桥梁,是整合业务的关键要素。接口控制是为了确保系统间数据传递和转换的及时性、完整性、准确性和安全性而实施的控制活动,可以手工执行也可以自动执行。

4.1.2　应用控制主要风险

应用控制的作用具有一定的局限性,在某些特定情形下,应用控制会存在失效的风险:即使很有效的控制措施,也可能因执行人员的错误理解、粗心大意、疲劳或其他人为因素而失效;不相容职务的用户相互勾结,串通舞弊,或用户判断错误,再好的控制也会失去作用;系统的管理者如果逾越控制权限,滥用职权,系统控制也会形同虚设。

应用控制所面临的风险贯穿于系统业务流程的各个环节,包括参数设置不合理,用户访问授权、职责分离不当,以及系统输入、处理、输出和接口等各环节的风险。

(1) 系统参数设置不合理主要表现在:参数设置不符合政策规定,重要参数的新增与变更未经合理授权、审批,未按照实际需求及时调整参数以应对出现的问题和异常情况等。

(2) 用户访问授权、职责分离不当主要表现在:未按照要求,在应用系统中进行合理的用户访问控制和权限设置,导致用户可以访问未经授权的功能或数据,拥有不相容业务环节或功能的操作权限,从而影响业务办理的真实合法性,存在人为舞弊的风险,甚至会造成重大违规违纪问题的发生。

(3) 输入、处理和输出等环节的控制风险主要表现在:未对数据采集和信息录入进行有效控制,导致未经授权的、不准确的、不完整的数据进入系统;数据进入系统后,信息系统数据处理逻辑存在错误,如勾稽关系、汇总排序、重复校验、筛选排序等错误;数据经系统处理后输出时,存在格式不正确、内容不准确、输出信息被交付给未经授权的接受者等问题,从而造成信息失真或泄密。

（4）接口控制风险主要是在接口处理过程中，由于异常数据、系统错误、通信故障及人为操作等原因，数据可能存在未被完整、准确处理的情况，从而造成源系统与目标系统接口数据不一致，影响业务正常运行。

4.2　信息系统应用控制审计的内容

应用控制审计是对被审计信息系统的应用控制情况进行全面审查与评价，以确认其是否恰当、完整、准确和有效，是否能够充分保障系统业务处理的完整性与合规性。结合信息系统应用控制的关键控制活动以及所面临的重要控制风险，应用控制审计主要包括 6 个方面内容：参数控制审计、应用程序访问与职责分离控制审计、输入控制审计、处理控制审计、输出控制审计和接口控制审计。

信息系统应用控制审计的内容体系如表 4-1 所示。

表 4-1　信息系统应用控制审计内容体系

	审计事项子类	审计事项
应用控制审计	参数控制审计	参数设置正确性与合法性
		参数调整授权与审批
		参数调整日志记录
	应用程序访问与职责分离控制审计	应用系统访问控制
		不兼容职责分离控制
	输入控制审计	数据输入政策规定
		数据输入规则设计
		录入或批量导入数据的校验及错误处理机制
	处理控制审计	系统业务处理流程
		业务数据处理逻辑正确性控制
		处理错误的识别、记录与解决机制
	输出控制审计	数据输出政策规定
		应用系统输出权限控制
		数据输出报告生成机制
		输出信息分发和保存控制
	接口控制审计	接口数据转换机制
		接口数据传输机制
		接口错误处理机制
		接口权限控制措施
		接口重启和恢复措施

4.2.1　参数控制审计

信息系统参数通常有 3 种：系统控制参数、业务控制参数和主数据（本书中将对主数据的审计视作参数审计）。系统控制参数如 ERP 系统中用户角色类型、账套设置参数、员工编号规则等，这类参数一般在系统初始化时设置；业务控制参数如 ERP 系统销售订单流程中的自动订单编号格式、订单类型设置等参数,社保系统中的社会平均工资、待遇享受标准、缴费基数,医院 HIS 系统中的医疗服务项目;主数据如 ERP 系统中的会计科目名称、供应商或客户名称,社保系统中的参保人信息、参保企业信息,医院 HIS 系统中的住院病人信息等。

相对于随时变化的业务交易数据,参数一般不经常变动,且供多个功能模块共享调用。参数的改变将影响系统的正常工作和内部控制的执行,参数的任何改变都需要受到严格控制。

参数控制审计主要关注:参数设置是否符合国家相关法律法规和相关政策文件的规定;参数的修改是否得到严格审批和授权;参数调整是否有可追溯轨迹(参数调整需保存完整的记录)。

参数控制的审计程序如下:

(1) 访谈参数维护的管理人员,审查是否存在建立参数修改维护流程,并明确责任人,审查参数修改维护流程是否严格执行。

(2) 审查系统中设置参数的正确合规性。首先结合业务政策和系统功能合理界定出需要重点审计的参数,然后通过检查参数设置情况,以及数据验证两种方法进行仔细核查。

(3) 查阅参数调整记录文档,或审查系统中的参数调整日志,确认参数是否有可追溯轨迹,并注意核查异常参数调整记录。

4.2.2　应用程序访问与职责分离控制审计

应用程序访问和职责分离旨在保证:不同权限用户,只能操作不同应用程序模块;不相容的职责由不同权限的用户执行。比如,ERP 系统中客户信用管理的操作人员不能兼具销售合同审批的功能;出入库管理的操作人员不能兼具盘点录入调整功能;社保系统中负责录入参保信息的操作人员不能兼具待遇审核功能;基金缴存维护的操作人员不能兼具待遇发放的功能;医院 HIS 系统中的现金收支的操作人员不能兼具日报表功能;医疗服务项目、药品价格管理的操作人员不能兼具收费记账功能等。

通常,以下一些不相容的职责必须进行分离:

(1) 业务授权批准的职责与业务执行职责必须进行分离;

(2) 业务执行的职责与业务审核的职责必须进行分离;

(3) 业务执行职责与业务记录的职责必须进行分离;

(4) 资产记录职责与资产保管职责必须进行分离;

(5) 资产保管职责与资产清查职责必须进行分离;

(6) 记录总账的职责与记录明细账、日记账的职责必须进行分离。

应用程序访问和职责分离控制的常见类型有用户权限管理和用户操作日志。

信息系统审计师审计应用程序访问和职责分离控制时,主要关注被审计应用系统是否只有经过授权的人员才可以访问,并且只能执行授权范围内的程序功能,只能处理授权范围内的数据;系统敏感数据的录入、修改与审核的职责是否正确分离;应用系统是否合理记录用户登录时间、操作内容,从而确保操作的可追溯性。

应用程序访问和职责分离的审计程序如下:

(1) 访谈安全主管和业务部门主管,了解用户权限授权审批管理制度;

（2）调阅用户权限申请表，核查用户权限审批制度是否严格执行，权限申请是否得到业务部门和 IT 部门主管审批，用户权限申请是否基于用户工作岗位和职责；

（3）理解应用系统关键流程，确定关键应分离的职责，建立不相容职责分离矩阵；

（4）运行系统权限报表，或执行 SQL 语句从权限表中直接取出权限数据；

（5）基于关键系统权限和导出的权限数据，检查用户权限设置的合理性；

（6）基于确定的应分离权限/功能，检查职责分离的合理性；

（7）现场观察应用程序的操作，核查是否严格按相关职责规定执行业务流程。

4.2.3　输入控制审计

输入控制在整个信息系统的控制中占有非常重要的地位，只有健全有效的输入控制才能确保进入应用系统的数据是完整和准确的，输入控制失效就可能会影响业务的正常运行，导致违规数据的产生。

常见输入控制类型主要包括数据格式控制、数据数值范围控制、数据数量控制、数据重复控制、数据逻辑关系控制、输入数据的自动处理控制（如采购编号自动生成、发票号自动关联销售订单）、输入错误纠正控制等。

输入控制审计就是通过审查输入权限、输入格式、输入范围及自动处理等系列输入控制措施，判断系统是否对输入数据的完整性、准确性和唯一性进行了适当控制，分析数据输入是否符合规定流程并经过合理授权、审批，从而对系统输入控制情况做出评价。

输入控制审计的主要关注点如下：

一是审计数据输入政策健全性及执行情况；二是审计数据输入规则设计的合理性，包括数据格式、内容等方面设计；三是审计应用程序的数据输入检验机制是否健全有效，包括数据唯一性控制、必填字段控制、数据格式和范围控制、数据精度控制、勾稽关系控制等方面审查；四是审计应用程序数据输入错误处理功能是否健全有效，包括错误提示、跟踪、报告和处理等方面。

输入控制审计可遵循如下程序与方法：

（1）调阅被审计单位制定的与输入控制有关的政策文件。审查是否制定了适当的政策规定，以确保数据输入符合规定流程并经过审核和批准。同时，通过人员访谈、输入文件检查等方式，审查政策规定是否被有效执行。

（2）获取数据输入规则，如信息采集的标准要求等，审查设计能否满足实际业务需要。

（3）识别主要输入控制项，确认输入方式。通过研究业务政策、访谈经办人员、现场实际观察等方法，识别应用系统主要输入项及输入方式（手工录入或批量导入），明确审计核查重点。

（4）检查系统关键输入项控制情况，得出审计结论。针对所确定的输入控制审查点，采用软件测试和数据分析相结合的方式进行核查：一是采用测试用例法，设计测试数据，审查输入控制是否健全；二是采用数据验证法，通过检查关键字段格式是否规范、内容是否正确完整以及数据之间逻辑关系等方面，发现系统数据问题，然后反推输入控制漏洞。

4.2.4　处理控制审计

处理控制用来保证应用系统数据处理的完整性和准确性，处理控制是应用控制的关键难点之一,直接影响应用系统数据的完整与准确。处理控制的薄弱与误差直接影响应用系统中所有交易运行的结果。

常见的处理控制有流程控制(未审核订单不能入库,社保系统中未工伤受理的不能认定,未认定的不能鉴定,未鉴定的不能工伤待遇审核支付等)、自动计算(如根据销售单价和数量自动计算销售金额,根据医疗参保人员条件、病种等自动计算医疗报销金额,根据银行还款记录、公积金缴纳情况自动计算公积金提取额等)和自动处理(采购入库以后自动生成会计凭证)等。

处理控制审计是应用控制审计的核心和难点,目的是通过对系列处理控制措施进行审查,以判断控制措施是否能够确保系统完整准确地处理数据,保障业务的正常运行,从而对应用控制的有效性做出审计评价。信息系统审计师开展处理控制审计,需要重点关注三个方面:系统业务处理流程,业务数据处理逻辑正确性控制,处理错误的识别、记录与解决机制。

处理控制可遵循如下审计程序:

(1)熟悉国家、行业相关法律法规制度,熟悉被审单位业务流程管理制度,明确被审系统的关键控制目标。

(2)查阅系统设计文档,访谈系统管理员和业务部门操作人员,了解应用系统的业务流程,取得或绘制业务流程图。

(3)识别应用系统中的关键业务流程,明确该流程涉及的系统功能模块和相关接口,并分析应用系统关键业务流程设计的合理性。

(4)依据业务流程图,标识流程中的关键风险控制点,包括手工控制流程和自动控制流程,并最终形成处理控制审计关键核查点一览表。

(5)基于所界定的关键核查点列表,编制风险控制测试矩阵,使用测试数据法、集成测试法,程序代码检查法和数据验证法等方法,实施控制测试,并记录测试结果。根据测试结果对应用系统处理逻辑的健全性、有效性做出审计评价。

(6)分析系统处理日志记录,一是审查处理中遇到的错误或问题是否被及时准确地记录,二是审查是否及时调查并纠正处理中产生的错误信息,三是分析日志记录,审查是否存在异常或未经授权的处理活动。根据审查结果,对错误处理机制进行审计评价。

4.2.5　输出控制审计

输出控制是保障数据输出完整准确并被安全存储和分发的重要措施,输出控制失效必将影响输出信息的准确性,并可能会造成重要信息的泄密、滥用。常见的输出控制类型主要包括:

(1)输出正确性控制,如合计数控制、抽样统计控制、数据稽核控制等;

(2)输出权限控制,要求只有经过授权的用户才可以执行输出操作,输出内容必须与其拥有的权限相匹配,同时要在安全的地方登记和存储重要输出信息;

(3)输出资料分发控制,要求只能分发给有权接受资料的人,尤其系统输出是另一系统输入时,要重点检查报告分发是否建立了相应的人工控制环节,以防范非法篡改与信息泄密等。

输出控制审计就是要通过审查被审计单位采取的系列输出控制措施,分析输出控制能否保证输出信息被及时正确发布、被合理授权使用、被安全备份存储,从而对输出控制在保证输出结果完整、准确和机密等方面的效果做出评价。

输出控制审计的主要关注点如下:

一是审计数据输出政策健全性及执行情况;二是审计应用系统输出权限控制,关注用户对输出信息的查看、更新和输出等操作是否与其权限相匹配;三是审计数据输出报告生成机制,关注输出的计算机处理结果是否准确无误,包括内容格式、输出总数、数据勾稽关系和输出合理性等;四是审计输出信息分发和保存控制,关注输出信息是否被分发给有权使用的人员、输出信息保存与使用是否符合制度规定等。

输出控制审计可遵循如下程序与方法:

(1) 调阅被审计单位制定的与输出控制有关的政策文件。审查政策规定的适当性:是否规定了符合业务要求的信息输出格式、内容,是否有恰当的信息发布程序,是否要求对发布信息进行审核等。

(2) 识别主要输出项,分析审计关键核查点。通过查阅各种纸质资料及报表、访谈经办人员、测试系统输出模块等方法,识别应用系统主要输出项,明确审计核查重点。

(3) 针对确定的系统关键控制项,采用系统测试、数据分析等方式,审查输出结果的正确性。一是审查系统权限配置表,结合人员业务职能分析权限配置合理性;二是通过交易数据测试、交易处理过程追踪等方式,检查系统输出处理是否存在逻辑错误;三是将电子数据与纸质资料相比较,分析有无非法修改数据的情况;四是依据业务性质和需要,分析输出结果能否满足工作需要。

(4) 通过资料调阅、人员访谈、现场观察等方式,审查输出数据分发与保存的合理性。一是审查输出资料分发与使用登记清单,并抽查询问使用输出结果的部分用户,检查资料接受者是否得到合适授权;二是审查输出资料的保管过程,调阅数据备份记录和备份数据使用登记表,并访谈相关业务管理人员,检查是否及时备份重要输出信息,是否有未经授权人员接触备份数据。

4.2.6　接口控制审计

接口控制是确保系统之间信息传递完整和准确的重要措施。从审计实践来看,接口控制是比较容易出问题的地方,因接口控制不健全而造成系统重大风险甚至导致违规违纪问题发生的例子也屡见不鲜。有效的接口控制可以协调源系统和目标系统之间的控制信息,充分保证接口数据的及时、完整、准确和安全,防止数据处理过程中发生增加、丢失和改变。

常见的控制类型主要包括数据传输控制、错误处理机制、接口权限控制、接口重启和恢复控制等。

接口控制审计就是通过核查系统间接口数据提取、转换和加载的控制活动和措施,评价系统是否实施了有效的接口处理程序,发现系统接口控制存在的风险。一般而言,接口控制审计的主要方法审阅程序模块和文档资料、程序测试及接口数据分析。

接口控制审计主要包括接口数据提取、转换和加载机制,接口数据传输机制,接口错误处理机制,接口权限控制机制,接口重启和恢复机制等 5 个审计子项。

下文分别描述各接口控制审计子项的关注点和审计程序。

1．接口数据提取、转换和加载机制审计

接口数据提取、转换和加载机制审计主要关注：审计接口数据导出/提取控制机制，包括确保数据提取格式和内容的正确与完整；审计接口数据映射/转换和导入控制机制，包括数据影射规则或其他转换方式的合理性等。

接口数据提取、转换和加载机制的审计程序如下：

（1）审查触发数据提取、转换和加载的事件是否合适；

（2）审查源系统数据是否按照设计以正确的格式予以提取，并且提取的信息是否完整准确；

（3）审查程序能否依据转换规则对所提取数据进行转换，并顺利加载到目标系统中；

（4）审查接口数据加载到目标系统后，能否确保数据的完整性和唯一性，需要确认系统到系统的记录总数和总金额是否一致；

（5）审查程序是否保留了数据提取和处理痕迹。

2．接口数据传输机制审计

接口数据一般通过网络自动传输，特殊情况下也会辅以手工方式进行传输，不同的传输方式对应不同的审计关注点：网络自动传输方式重点审计数据传输控制的有效性，包括数据传输是否及时、准确、完整和安全等。手工传输方式重点审计接口数据访问的安全性，如接口数据传输时被非法访问或修改。

接口数据传输机制的审计程序如下：

（1）观察网络负载状况，审查传输日志、报警日志，分析数据传输协议、传输格式是否得以正确实现。

（2）审查数据传输是否安全可靠，如果是网络自动传输，要分析数据是否经过加密；如果是手工传输，则要分析是否具备恰当的人员授权和相互的制约机制，以确保数据的安全。

（3）审查数据传输的频率和协调机制是否适当，分析传输中是否存在数据遗漏或者重复问题，能否确保源系统与目标系统数据一致。

3．接口错误处理机制审计

接口错误处理机制审计重点审查接口错误识别、记录和纠正措施的有效性，包括错误接口数据跟踪控制、错误信息提示机制、操作轨迹记录等方面。

接口错误处理机制的审计程序如下：

（1）审查接口错误日志，分析接口处理中的错误是否被及时识别、记录，阻止不合格的数据进入系统；

（2）分析程序功能，审查能否以恰当的方式将错误信息及时、醒目地通知接口用户；

（3）审查错误文件被处理的证据，确认错误是否得到及时纠正，处理的频率和措施是否恰当；

（4）审查系统日志记录，确定是否保留审计轨迹以便跟踪错误信息和错误纠正过程，并注意分析审计轨迹的记录、审查和维护是否适当。

4. 接口权限控制机制审计

接口权限控制策略重点审计接口访问控制措施,分析接口处理、错误纠正和状态监控等权限在源系统或目标系统的用户之间分配的合理性。

接口权限控制策略的审计程序如下:

(1) 结合权限分配文件及权限实际配置情况,审查接口用户的系统访问权限是否经过严格授权和审批,其所具有的权限是否与其工作职责相匹配,如指派专人接触接口信息,以便监控接口状态等;

(2) 审查敏感、机密的接口数据是否有专人负责管理,是否存在未经授权的使用风险;

(3) 审查接口用户的重要操作,系统是否保留了历史痕迹。

5. 接口重启和恢复机制审计

接口重启和恢复机制审计主要关注接口重启和恢复控制措施是否有效,分析现有措施能否确保发生灾难事故时,接口程序能够重新初始化或者依据存档数据进行恢复。

接口重启和恢复机制的审计程序如下:

(1) 审查接口存档文件,验证其处理日期和时间,分析数据是否被及时存档;

(2) 分析接口处理程序功能,一是确认系统是否支持数据初始化和数据恢复操作;二是确认灾难恢复处理时,系统是否保留了历史痕迹。

4.3 社保工伤生育信息系统审计案例

4.3.1 被审计单位信息化基本情况

被审计单位的社保系统建设规模在全国劳动保障行业中名列前茅。基础设施方面,建有两个中心机房,网络连接市、区、街道、社区四级。

系统的运营与管理由该单位信息中心负责,信息中心下设软件开发科、运营管理科两个科室,分别负责全市社保系统的建设规划、设计实施、硬件配置、软件开发、运营维护、信息统计、数据测算及分析等工作。

该系统主要包括 6 个核心业务子系统:公共业务、养老金支付、城镇居民医疗保险支付、工伤待遇支付、生育待遇支付、失业待遇支付等。其中,公共业务、工伤待遇支付和生育待遇支付子系统是此次审计的重点对象。

公共业务子系统的主要功能是受理参保单位和人员档案管理、参保登记、参保变更、缴费核定、基金征缴等社会保险业务;工伤待遇子系统的主要功能是受理工伤人员信息管理,工伤认定、鉴定、待遇审核和支付等业务、生育待遇子系统的主要功能是受理生育人员信息管理、生育待遇审核和发放等业务。

4.3.2 审计目标

该项目的审计目标是,围绕"找出隐患、规范管理、促进完善"的总体思路,从安全性、可靠性和有效性三方面,重点针对公共业务子系统、工伤待遇支付子系统、生育待遇支付子系统实施全面审计,发现该系统在使用和管理过程中存在的缺陷和薄弱环节,查处依托系统办理工伤生育基金业务时存在的控制风险,从而对系统进行客观公正的评价,为促进被审计单位加强管理,完善风险监督机制,保证基金的安全与完整,防范利用计算机系统进行欺诈与舞弊,提出切实可行的审计建议。

4.3.3 审计过程

1. 理解现行制度规定

与审计过程有关的现行制度和条例有如下几种:

(1)《社会保险费征缴暂行条例》;

(2)《失业保险条例》;

(3)《工伤保险条例》;

(4)《部分行业企业工伤保险费缴纳办法》;

(5)《××省社会保险基金管理内部控制制度》;

(6)《××省关于调整1至4级工伤人员伤残津贴、生活护理费和供养亲属抚恤金标准的通知》;

(7)《××市城镇职工生育保险办法》;

(8)《企业内部控制应用指引——计算机信息系统》;

(9)《信息安全等级保护管理办法》;

(10)《信息安全技术 信息系统灾难恢复规范》(GB/T 20988—2007);

(11)《中华人民共和国国家标准电子计算机机房设计规范》(GB 50174—1993)。

2. 明确关键控制点

审计人员详细了解了被审计系统业务流程和主要功能,对系统架构、后台数据进行了深入分析,在此基础上确定出系统各业务环节关键控制点,然后采取必要的程序与方法,对各控制点进行核查。本项目确定的关键控制点和审计事项如表4-2所示。

表4-2 该项目的主要审计事项一览表

审计事项类别	审计事项子类	审计事项名称
一般控制	IT治理	IT战略规划审计
		IT职责分离审计
	灾难恢复	系统灾难恢复控制审计
应用控制	参数控制	主数据控制审计
		业务和系统参数控制审计
	应用程序访问控制与职责分离	应用程序访问与职责分离控制审计
	输入控制	交易数据输入控制审计
	处理控制	数据处理逻辑审计
	输出控制	数据输出控制审计
	接口控制	应用接口审计

以表 4-2 为基础,具体实施时有所侧重。应用控制审计中重点实施"处理控制审计"和"接口控制审计"。这两部分控制是信息系统的核心和灵魂,如果控制不足或失效,会导致系统功能无法满足实际需要,进而影响系统数据的真实完整性,严重情况下会直接造成违纪违规问题的发生。所以在审计中需要重点关注、加大核查力度。

3. 选用恰当审计技术方法与工具

该项目中主要使用了如下审计技术方法:

(1) 问卷调查法。审计人员设计调查问卷,从组织管理情况、数据资源管理、系统环境安全管理、系统运行管理等几个方面进行审计调查,通过分析问卷反馈信息,总体把握信息系统一般控制和应用控制的基本情况。

(2) 业务流程图法。审计人员详细了解基金业务办理流程和系统数据流程,绘制相应的业务流程图与数据流程图,以便熟悉信息系统构架和各业务表之间的关联关系。

(3) 人员访谈法。审计人员针对信息系统的各控制点,对相关部门人员进行访谈,了解信息系统的使用情况,从不同层面发现信息系统存在的问题。

(4) 现场观察法。审计人员首先对被审计单位的机房等地进行现场观察和实地了解,掌握被审计单位计算机机房的建设和管理情况,然后审计人员还现场观察经办人员使用系统办理业务情况,直观了解系统功能是否满足业务需求,发现系统存在的问题。

(5) 资料查阅法。审计人员通过查阅被审计单位信息化建设相关的文档资料,详细了解被审计单位的信息化规划和建设情况;通过查阅系统开发文档和使用手册等资料,了解该信息系统的业务需求、主要功能和业务流程等。

(6) 工具检测法。审计人员利用软硬件工具对被审计单位的核心服务器和重要终端等设备进行扫描检测,收集并分析扫描数据,发现其操作系统和数据库系统存在的安全隐患。

(7) 测试用例法。审计人员通过编写相应的用户测试用例,对系统访问控制以及信息系统的输入、处理、输出控制进行实质性测试,分析信息系统处理数据的正确性和真实性。

(8) 程序代码检查法。审计人员获取系统核心业务程序代码,结合相关政策有针对性地进行检查,发现系统数据处理逻辑方面存在的问题。

(9) 平行模拟法。审计人员基于信息系统的后台数据,通过编写 SQL 语句,模拟系统业务处理逻辑,并将模拟计算结果与实际结果比照,然后延伸核查不一致数据,发现系统处理逻辑问题以及违规办理业务问题。

(10) 综合测试法。审计人员在被审计单位的测试系统中建立一个虚拟实体,由系统处理该虚拟实体的测试数据,将处理结果同预期结果进行比较,确定该系统的处理控制是否恰当、可靠。

另外,该项目还使用了一些辅助审计的工具,主要有:

(1) 扫描工具。审计人员利用 X-SCAN、RJ-iTop 隐患扫描系统、启明脆弱性扫描系统、MBSA(Microsoft Baseline Security Analyzer)等工具软件对主服务器等关键设备进行安全性扫描,查找操作系统和数据库系统安全方面的漏洞。

(2) SQL Server 2005 数据库。审计人员利用其 SSIS、查询分析等功能实现数据的采集、转换和分析处理。

（3）SQL Monitor。该工具主要用来监测 Oracle 数据库服务，截获应用程序向数据库引擎发送的 SQL 语句，进而获知应用程序业务处理逻辑。

（4）AO。审计人员运用 AO 对项目人员信息、项目资料和日记底稿等审计资料进行管理。

4. 控制点测试设计与实施

1）IT 治理审计

该项目的 IT 治理审计重点检查被审计单位 IT 规划和 IT 组织结构情况，审查有无符合其业务需求和信息需求的长远发展规划和执行计划，组织流程和组织架构是否满足控制要求，岗位分工和职责划分是否合理合规。

IT 治理审计测试步骤如下：

（1）要求被审计单位提供信息系统规划文档、IT 组织结构图、重要岗位的职能和业务流程等资料。

（2）审阅被审计单位提供的《××市劳动保障信息系统情况介绍》、《××市劳动保障信息中心工作职责》、《××市劳动保障信息中心工作流程》等资料，分析其规划和组织结构是否得当，能否满足社保业务需求和信息需求；检查各项职责划分是否合理，不相容职责是否进行了严格的分离等。

（3）发放"组织管理控制调查表"和"数据资源管理的控制调查表"，并对被审计单位填写的内容逐一核对落实。

（4）记录该控制点审计结论，如岗位职责分离方面存在漏洞。审计发现该单位没有按照职责分工为系统设置相应的管理岗位，每个子系统均由一人既负责数据库维护，又负责软件系统的开发、测试、运营维护等工作，存在舞弊行为的潜在风险；关键性业务缺乏后备人员，某些关键技术仅依赖一到两个核心人员，人员离岗缺岗将影响业务正常进行。建议该单位加强培训，对关键技术岗位配备后备人员。

2）系统灾难恢复控制审计

系统灾难恢复控制审计的目标在于：检查被审计单位是否有完整的灾难恢复计划和方案；审核灾难恢复的流程和步骤，分析其是否能够保证信息系统受到灾难性毁损后，迅速实现恢复并使损失降至最低。

系统灾难恢复控制审计测试步骤如下：

（1）发放调查问卷"灾难恢复控制调查表"（见表 4-3），并对被审计单位填写的内容逐一核对、落实。

表 4-3　灾难恢复控制调查表

序号	控制措施调查问题	是	否	备　注
1	定期备份重要的数据	√		实物
2	在对数据资源进行重要的处理之前，对数据进行备份	√		计算机使用管理规定（暂行，无文号）
3	备份的数据异地存放	√		实物
4	备份的数据由非技术人员的专人保管		√	

序号	控制措施调查问题	是	否	备 注
5	信息技术人员未经批准不能接触备份数据			
6	由专人负责重要数据的备份和恢复工作	√		计算机使用管理规定(暂行,无文号)
7	备份数据的存放和领用要有相应的记录		√	
8	需要授权才能领取备份的数据	√		专人负责
9	对备份或恢复工作日志进行了记录		√	
10	明文规定了数据备份和恢复工作的规范步骤		√	
11	备份数据的恢复工作需要得到批准	√		专人负责
⋮	⋮	⋮	⋮	⋮

(2)综合采用调查表、文件审阅法、现场考察法、访谈法对灾难恢复控制进行测试。例如,审阅灾难恢复计划和操作手册,确认其是否为实际情况的最新版本,检查灾难恢复计划是否为有效地灾难处理现实解决方案;查看备份现场,评估现场的安排是否恰当;检查数据备份与存储情况,确定是否实现备份数据异地存储;对有关人员进行访谈,检查灾难恢复小组成员是否为在职人员,分担的职责是否恰当;询问灾难恢复人员是否熟悉灾难恢复流程和步骤;检查关键数据文件是否依据灾难恢复计划进行备份;检查灾难恢复计划的测试文档,确认是否经过灾难恢复测试,测试结果是否达到预期目标。

(3)记录测试结果,提出该事项的审计结论,如被审计单位未制定灾难恢复计划与方案,没有进行灾难恢复测试。

3)参数控制审计

参数控制审计的目标在于:通过对各功能模块间共享的、相对固定的主数据、系统参数和业务参数等信息进行审查,检查其维护流程是否得当,设置是否符合政策规定,在各应用之间是否保持一致。

参数控制审计测试步骤如下:

(1)根据基金征缴、工伤和生育待遇支付的具体业务流程,识别出关键控制参数,如表4-4所示。

表4-4 关键参数和主数据一览表

控 制 大 类	所 属 系 统	参 数 名 称
参数控制	公共业务子系统	缴费比例
		社平工资
	工伤待遇子系统	伤残抚恤金标准
		伤残护理费标准
		供养亲属抚恤金标准
		一次性伤残补助金标准
		丧葬补助金标准
		一次性工亡补助金标准
	生育待遇子系统	生育医疗费报销标准

(2)采用数据分析、代码检查等方法,检查参数和主数据设置的合理性,分析维护流程是否恰当。首先,检查后台数据表,由于数据库中有相应数据表存储参数和主数据,所以结

合相关政策法规,通过直接检查后台数据分析设置的合理性;其次,检查程序源代码,由于部分参数并没有专门的后台数据表存储,而是将参数值直接写入代码中,因此可以采用代码检查法,审查是否存在参数设置错误的情况。

（3）根据测试结果,提出该事项的审计结论,如对缴费比例、社评工资等个别参数的调整直接在数据库上操作,且不记录操作轨迹,不利于数据安全。

4）应用程序访问与职责分离控制审计

应用程序访问与职责分离控制审计的目标在于：检查信息系统访问控制措施是否发挥了应有的作用,非法访问是否能够被有效防止,不同岗位人员权限是否与其职责相匹配,能否有效地避免舞弊行为的发生。

应用程序访问与职责分离控制审计测试步骤如下：

（1）查阅人员权限管理制度,分析软件功能,掌握用户授权流程和方式,如图 4-1 所示。

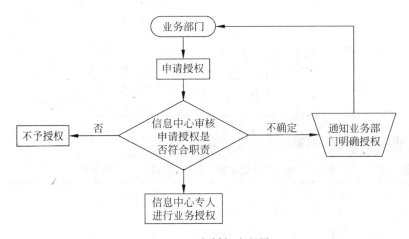

图 4-1　业务授权流程图

（2）尝试以空密码等弱口令访问应用系统,并结合后台用户表分析,检查用户密码复杂度;检查应用系统访问日志,判断是否存在非法访问。

（3）结合业务人员花名册和岗位职责,检查权限的设置是否合理,是否做到了不相容职责分离。

（4）根据测试结果,提出该事项的审计结论,如人员离职后账号仍有效,权限调整缺少日志记录,部分用户采用弱口令,部分业务审核与经办为同一人等。

5）输入控制审计

输入控制审计的目标在于：检查信息系统对于数据输入的正确性、有效性、完整性有无适当而准确的控制,对于数据输入错误有无提示和纠错控制,对于数据输入有无记录,能否避免未经授权的数据输入操作。

输入控制审计测试步骤如下：

（1）根据基金征缴、工伤和生育待遇支付的具体业务流程,识别主要的输入项目,如表 4-5 所示。

表 4-5　关键输入控制点一览表

控制大类	所属系统	所属功能模块	控制点名称
输入控制	公共业务子系统	单位信息维护	单位名称完整性控制
			缴费银行基本账号完整性控制
			单位行业代码完整性控制
		个人信息维护	人员身份证号正确性控制
			个人基本信息人员类别代码正确性控制
	工伤支付子系统	工伤认定	工伤认定标志完整性控制
			工伤发生时间完整性控制
			工伤认定时间完整性控制
		工伤鉴定	工伤鉴定时间完整性控制
			工伤职工伤残等级完整性控制
		工伤待遇发放	工伤或供养人员待遇发放方式完整性控制
	生育支付子系统	生育人员基本信息	生育类别完整性控制
			生育或引流产时间完整性控制
			生育或引流产时间规范性控制
			胎儿数完整性控制
			胎儿数合理性控制
		生育个人待遇信息	病种名称完整性控制
			生育津贴银行账号完整性控制

（2）运用测试数据法，编制测试用例，实施输入控制测试，如表 4-6 所示。

表 4-6　针对"单位新增"模块的测试用例编制举例

用例编号	GGYW-DWXZ-0003		
用例名称	企业开户（单位新增）功能测试用例		
用例描述	增加新参保单位，验证录入信息正确性、有效性、完整性		
用例入口	进入"参保单位管理-参保单位变更-单位新增"功能模块		
测试用例 ID	场　　景	测试步骤	预期结果
TC01	必填项提示信息正确性校验	输入"邮政编码"信息：123ABC，回车	系统提示：必须录入数字
TC02	日期类信息录入有效性校验	分别输入：2008-06-11，20s＊-06-11，2008-％6-11，2008-06-HS，2＊I6-！0-A1	只允许符合正确日期格式的信息录入
TC03	身份证号码校验	分别输入"法人公民身份号码"信息：123456789012345、1234567890123456789012345678、！@＃＄％^19860928ASDF、123456ASDFGH1234、12345612345678ASDF	系统对不符合规则的身份证号进行提示
⋮	⋮	⋮	⋮

（3）根据测试结果，提出该事项的审计结论。审计发现工伤和生育保险待遇支付系统存在多处输入控制缺陷，如对部分必须输入的关键信息没有进行提示和检测，对身份证号码、银行账号等重要数据的正确性校验存在缺陷，对胎次或胎儿数缺少合理性校验等，影响了数据的完整性和准确性。

6）处理控制审计

处理控制审计的目标在于：通过检查业务时序控制、合规性检验控制、合理性检验控制、参照检查控制等方面，分析系统是否采取了正确的控制措施，以保证输入计算机的业务被完整、准确地处理，不正确的业务是否被及时检测并拒绝。

处理控制的审计测试步骤如下：

（1）研究工伤生育保险政策，熟悉业务流程，确定出系统各功能模块处理逻辑控制关注点，如表4-7所示。

表 4-7 关键处理控制点一览表

控制大类	所属系统	所属功能模块	控制点名称
数据处理控制	公共业务子系统	参保单位管理	单位参保日期与单位工商登记日期时序控制
		基金征缴	参保人员同一费款所属期五险缴费基数一致性控制
			个人缴费基数保底封顶控制
			个人缴费基数总额与单位缴费基数总额一致性控制
			单位缴费额正确性控制
			注销企业不允许欠费控制
			参保职工个人账户唯一性控制
	工伤支付子系统	工伤鉴定	企业职工工伤鉴定与工伤认定时序控制
		工伤待遇审核与发放	工伤职工待遇审核时间与工伤鉴定时间时序控制
			非1~4级工伤职工不允许享受伤残抚恤金待遇控制
			供养亲属不允许享受工伤职工伤残抚恤金待遇控制
			工伤职工或供养亲属各待遇应领取额于实际领取额一致性控制
			缴纳工伤保险人员方可享受工伤待遇控制
			工伤事故后发生时间与参保时间时序控制
			单位欠费后禁止职工继续享受工伤待遇控制
			企业职工未认定为工伤禁止享受工伤待遇控制
			非工亡职工禁止领取丧葬补助金控制
			供养子女待遇领取年龄合规定性控制
			供养配偶或父母待遇领取年龄合规定性控制
			⋮
	生育支付子系统	生育待遇审核与发放	禁止重复享受生育待遇控制
			缺少生育类别禁止发放生育津贴控制
			产假天数正确性控制
			晚育正确性控制
			欠费则禁止领取生育津贴控制
			生育津贴领取天数合理性控制

（2）针对以上控制点，采取如下必要的程序和方法进行核查：

① 抽查跟踪部分业务样本，分析是否存在错误或异常现象。

② 采用综合测试法，在测试系统中建立虚拟单位和人员，模拟办理业务，通过检查处理结果，分析处理逻辑。

③ 采用数据验证法，将后台数据分析与系统测试结合起来，适当反推系统漏洞。

④ 采用代码检查法,对部分核心逻辑代码进行检查,发现其中的问题。

(3) 根据测试结果,提出该事项的审计结论,比如:工伤待遇审核和生育待遇审核功能存在漏洞造成部分人员违规领取待遇;程序逻辑错误造成少征社保基金;生育津贴领取天数控制不足,造成违规领取生育津贴等。

7) 接口控制审计

接口控制审计的目标在于:核查接口数据提取、转换和加载的控制活动和措施,评价系统接口处理程序是否有效,发现存在的控制风险。同时还要重点关注系统之间需要建立接口程序但尚未实现的问题。

接口控制的审计测试步骤如下:

(1) 明确关键控制点,得到如表 4-8 所示的应用接口控制点一览表。

表 4-8　应用接口控制点一览表

控制大类	涉及系统	控制点名称
接口控制	工伤待遇子系统与养老待遇子系统	工伤职工退休后及时停发工伤定期待遇控制
		退休工伤职工死亡后及时停发养老金待遇控制
	工伤待遇子系统与医疗系统	工伤医疗费结算明细上传唯一性控制
	工伤待遇子系统与财务系统	业务系统支出与财务系统支出的一致性控制
	公共业务子系统与财务系统	业务系统收入与财务系统收入的一致性控制
	工伤子系统与银行系统	银行报盘数据控制

(2) 使用平行模拟法、测试数据法对上述接口控制点的有效性进行测试。例如,审计人员采用测试数据法,设计测试用例对系统进行测试,检查工伤待遇子系统与养老待遇子系统接口同步问题;通过平行模拟法进行收入和支出财务业务一致性分析,从而检查工伤待遇子系统与财务系统、公共业务子系统与财务系统之间的应用接口情况。

(3) 记录测试结果,提出该事项的审计结论。比如:公共业务子系统与工伤生育待遇支付子系统之间部分主数据未实现共享,存在多头输入问题;基金征缴财务业务接口控制不严,业务和财务系统之间存在数据差异;部分经办机构未使用系统自带的银行报盘接口程序生成银行报盘文件,接口数据存在安全隐患。

4.3.4　审计结论

通过审计,发现该市社保系统的一般控制和应用控制总体情况较好,机房设施配置基本齐备,性能能够满足实际需要,系统总体运营情况良好,功能基本满足业务需求,但还存在以下问题。

1. 一般控制存在的问题

信息技术人员岗位职责分工不明确;中心机房缺少必要的监控、报警设施以及网络管理软件;部分服务器采用弱口令,数据库默认用户密码未修改;缺少灾难恢复计划与方案,没有进行灾难恢复测试;部分系统变更无测试,系统变更后文档资料没有及时更新等。

2. 应用控制存在的问题

接口控制不健全造成错误数据进入系统;业务处理存在漏洞造成数据逻辑错误,甚至导致错征基金、错发待遇；接口控制存在薄弱环节,影响系统之间数据的一致性；系统部分功能存在缺陷,无法充分满足现有业务需要等。

思考题

1. 描述信息系统应用控制审计的内容体系。
2. 结合案例,理解如何选择相应技术方法开展应用控制审计。
3. 结合案例,理解如何开展应用控制点测试设计与实施工作。

第5章

IT治理审计

IT治理是指导与控制IT应用的体系,对于组织IT价值实现和风险控制有重要意义。本章首先从治理目标、治理主体、治理内容和治理机制4个方面概述了IT治理的内涵;然后针对IT治理审计的3个重要内容,即IT机构职责审计、IT战略规划审计和IT外包治理审计,分别介绍各自基本知识、主要审计内容和实施程序。

5.1 IT治理概述

5.1.1 IT治理内涵

信息技术的横纵向嵌入改变了企业业务流程,给内部控制、治理结构,以及企业运营带来了巨大的冲击与挑战,尤其是SOX法案颁布以来,要求上市公司提高透明度,完善公司治理水平以保护投资者的利益,IT治理因此受到了前所未有的关注。

IT治理对于组织的信息化风险控制与IT投资价值提升具有重要意义,表现在以下3个方面:

(1) IT治理是公司治理的重要组成部分。IT治理是IT决策的权责利安排,它从企业整体利益出发构建IT系统,力求实现业务与信息的集成,可使公司经营活动过程变得更透明,还可提高公司信息披露质量,减少利益相关者之间的信息不对称问题,起到了驱动和支撑公司治理的作用。

(2) IT治理是提高内部控制的有效手段。信息系统是管理层编制财务报告和披露相关信息的工具,基于权力制约和岗位分工的内部控制发展成为以信息流为基础的IT内部控。IT治理将合理的制度安排、控制程序嵌入到IT系统中,使得IT系统具备内在的控制机制,减少了信息生成过程中的错误与舞弊行为。

(3) IT治理是控制经营成本,提高企业价值的驱动力。企业在IT系统方面的投资比重越来越大,巨额IT系统运营成本和维护费用也成为企业管理层必须考虑的因素。

IT治理的重要意义吸引了众多学者的关注,明确提出IT治理的定义的学者和机构有很多,但目前仍没有统一的定义。

麻省理工学院CISR中心的Weill和Ross教授认为"IT治理是在IT应用过程中,为鼓励期望行为而明确决策权归属和责任担当的框架",强调IT治理旨在解决IT决策权力的分布问题。

国际 IT 治理研究院(ITGI)认为"IT 治理是董事会和执行层的责任,通过领导、组织和过程来保证 IT 实现和推动企业战略目标。价值、风险与控制是 IT 治理的核心。"

这两种定义几乎代表了 IT 治理研究的两大派别——价值引导与风险控制两大流派。

本书认为 IT 治理旨在实现企业目标,是高层管理者利用治理结构、流程和沟通关系来指导与控制企业 IT 应用的体系,包含权力与责任、IT 战略、IT 投资、IT 绩效、合规与风险和相关利益者共 6 个方面的治理内容。这个定义体现了 IT 治理概念 4 个方面的内涵,即治理目标、治理主体、治理内容和治理机制,如表 5-1 所示。

表 5-1 IT 治理概念内涵

治理目标	治理主体	治理内容	治理机制
企业目标	高层管理者	权力与责任 IT 战略 IT 投资 IT 绩效 合规与风险 相关利益者	治理结构 治理流程 关系沟通机制

IT 治理主体是组织的高层管理者,如董事会、CEO、CIO 等。

(1)董事会:制定组织发展目标,独立地监督企业的绩效和执行情况。学习最新的管理思想、技术及与之相伴的收益和风险。

(2)CEO:承担着执行董事会制定的战略和政策的职责,并确保 CIO 参与到最高层决策过程中,并被高层管理者所接受。

(3)CIO:负责企业 IT 规则的制定和实施。确保 IT 项目在预期时间、成本范围内,按预期质量要求完成。实施企业 IT 标准和策略。负责基础设施的建设、IT 资源的管理、员工 IT 技能的培训,确保其满足企业战略的需求。识别企业的 IT 风险,并建立风险控制框架。对 IT 绩效进行评估。定期向董事会报告 IT 治理的执行情况。

表 5-1 同时显示 IT 治理有 6 项关键内容,各内容要素的具体含义如下:

(1)权力责任:IT 投资和应用决策的权力与责任框架。

(2)IT 战略:正确地进行 IT 战略规划为组织发展提供支撑。

(3)IT 投资:IT 投资基于业务需求,有清晰透明的决策过程,对项目收益、机会、成本、风险都进行了长期和短期的平衡。

(4)IT 绩效:IT 基础设施和应用系统的运行绩效满足组织目前和未来的业务所要求达到的功能、质量和服务水平。

(5)合规与风险:IT 基础设施和应用系统建设与运营维护,要遵循相关外部规范和内控制度,确保信息资产安全、业务持续和外部合规。

(6)相关利益者:在信息化建设运行过程中,要充分考虑和协调各利益相关者在 IT 规划、实施与运营维护过程中的业务、技能及其他需求。

5.1.2 IT 治理机制

目前 IT 治理理论研究发现的 IT 治理机制主要有治理结构、治理流程与关系沟通机制,如表 5-2 所示。

表 5-2　典型 IT 治理机制

治理结构	治理流程	关系沟通机制
IT 治理委员会	IT 投资建议与评估流程	建立广泛的决策相关者参与机制
IT 架构委员会	架构例外流程	建立业务部门与 IT 部门合作伙伴关系
IT 战略委员会	IT 平衡积分卡	激励机制
IT 指导委员会	战略信息系统规划	有效的冲突解决机制
IT 部门	COBIT 与 ITIL	跨部门的业务与 IT 培训、岗位轮换机制
项目指导委员会	服务水平协议	高层管理者公告
	IT 治理成熟度	正式委员会会议

1．IT 治理委员会

IT 治理委员会由董事会和非董事会成员构成,为 IT 与业务的有效融合指明方向,协助董事会完成对公司相关 IT 事务的治理和监视。确保 IT 治理纳入董事会的议事日程,并定期讨论。

2．IT 指导委员会

IT 指导委员会负责评估企业预建项目与战略的一致性,项目的成本/效益分析,决策 IT 项目的优先权、资源分配,及项目投资组合。制定项目的关键成功指标,制定 IT 项目的控制、风险管理和治理框架,并监督和指导其执行过程。

3．IT 部门

企业 IT 部门的组织对企业的 IT 治理有重要影响。IT 部门是企业内为其他业务部门提供服务和支持的部门。

4．IT 投资建议与评估流程

该流程的目标是保证企业 IT 投资整体效益最大化,而不是局部效益的最大化。需要从公司战略的高度考虑 IT 项目的优先级,确保公司的 IT 战略规划和 IT 标准的贯彻执行。企业应该采用各种科学、规范的决策方法对 IT 项目的投资及其优先级进行决策。

5．架构例外流程

企业的整体架构是为了保证整个公司系统的集成性,有效实现公司数据和信息的共享。但是任何完善的架构都难免会遇上例外情况,就像业务流程一样,为了满足客户的需求,总会有例外的业务流程发生。对于这种情况,企业需要制定明确的处理流程。

6．服务水平协议

该协议规定了 IT 部门对业务部门所提供的服务和成本。通过谈判,迫使 IT 部门像供应商一样"销售"他们的服务,不断地寻找降低成本的方法。该流程的好处在于,可以将业务水平的需求转化成IT服务水平的需求。杜绝过高的服务造成的浪费或服务水平不够对业务发展的负面影响。

7. 建立业务部门与IT部门合作伙伴关系

企业的业务离不开IT技术及IT部门的支持，IT商业价值的实现依赖于业务的充分应用。由于业务人员往往对IT不够熟悉，而IT人员对业务又不够了解，因此，沟通起来具有一定的困难。企业可以采取岗位轮换、交叉培训、定期例会制度等机制，使业务人员和IT人员的知识能够共享。这对企业的IT治理是非常重要的，它可以有效地保证IT与业务融合，实现IT的商业价值。

8. 高层管理者公告

对于企业IT治理的重大决策，如企业的IT治理原则、战略信息系统的建设等重大事项经常采用这种沟通方式。这种方式能够获得企业范围内最大的关注和最高的优先级，让每个员工知道公司的发展方向，以及自己应该做什么。

9. 正式委员会会议

企业IT治理的一些重大决策，如基础设施建设决策、项目优先级的决策等都需要采用委员会会议的沟通机制，可促进理解彼此需求，共同探讨项目执行中存在的问题，寻找切实可行的解决方案。

5.1.3 IT治理国际标准

2008年6月，ISO(国际标准化组织)和IEC(国际电工委员会)这两个世界标准化组织发布ISO/IEC 38500。该标准的发布有三个目标：确保利益相关者对于组织IT治理的信心，指导组织治理信息技术，为IT治理的目标评估提供了基础。ISO IEC 38500可以应用于任何规模的组织，包括公/私有性质的公司，政府机构以及非营利组织。

ISO IEC 38500最重要的贡献是提供了一个操作性很强的IT治理的框架模型，以及6大简洁明了的IT治理原则。该标准明确从信息技术(硬系统)和管理(软系统)两个方面提出了IT治理原则。

该标准指出组织的IT治理包含3个活动：指导(D)、评价(E)和监控(M)。DEM模型不同于管理者普遍使用的PDCA模型。它聚焦于更广泛层次上的IT治理，比PDCA模型更具灵活性和适用性。

在该模型中，IT相关的高层管理者可以根据组织的业务需求和压力对信息技术的使用情况进行监控和评价，然后指导制定和实施相关IT政策和规划来实现业务目标。

ISO IEC 38500提供的IT治理的6大指导性原则如下：

(1) 建立清晰的IT决策的权责制。信息技术的有效运用离不开与业务流程的紧密结合。业务部门负责IT业务需求，与IT专家负责准确交付IT资源，二者缺一不可。IT治理既要明确IT投资实现过程的权力与责任，还要为IT投资的决策过程建立清晰的权责制。

(2) 确保有良好的IT战略规划以便支持组织的业务发展。组织的业务总会不断地变化和发展，IT也必须不断地调整以便更好地支持组织业务。因此，IT规划应该成为组织战略规划的有机组成部分,必须制定有效的 IT 短期和长期规划,内容要包括业务系统、基础设施和 IT 人力资源等。

（3）保证 IT 获取的正确性。所有的 IT 投资决策必须经过严格的可行性论证,确保 IT 投资能真正满足业务的需求。外包和内部开发的 IT 投资都要进行合理的成本、风险和收益分析。

（4）确保 IT 应用的绩效。要制定明确的 IT 绩效标准。这个绩效不仅体现为 IT 系统的能力或响应时间,还应包括 IT 系统满足新业务需求的可扩展性、故障恢复能力等。

（5）确保 IT 的合规性。该原则要求确保 IT 系统必要满足外部法规（如隐私、行业规定,国家法律法规等）,以及组织内部的有关政策的要求。

（6）尊重人的因素。要密切关注和尊重"人"在 IT 系统运用和实施的过程中的各类需求,包括组织的员工、IT 专家、顾客和供应商等。

5.2　IT 治理审计的内容

IT 治理审计通常有三项重要内容：IT 机构职责审计、IT 战略规划审计和 IT 外包治理审计。

5.2.1　IT 机构职责审计

由于组织业务和规模的不同,组织间 IT 部门结构和职责会有不同结构,图 5-1 描述了比较常见的一种,该组织结构中包含安全管理、应用开发维护、数据管理、网络操作系统管理、服务台和计算机操作员等职能。

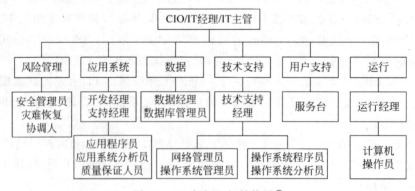

图 5-1　IT 部门组织结构图①

尽管不同组织有不同组织结构和职责,但 IT 审计师应当收集信息,分析各工作职责和授权的关系,评价职责分离的充分性。职责分离是预防和阻止欺诈及恶意行为的重要手段。常见的职责分离机制有交易授权、资产保管和基于职责分离的访问控制。

表 5-3 描述了详细的各职责兼容与分离情况。

---

① 图 5-1 和图 5-2 的资料来源：ISACA（CISA Manual）,2010.

表 5-3　IT 部门的职责分工矩阵

职责兼容与分离 人员	控制组	系统分析员	应用程序员	帮助台和支持经理	最终用户	数据录入员	计算机操作员	数据库管理员	网络管理员	系统管理员	安全管理员	磁带库管理员	系统程序员	质量保证专员
控制组		×	×	×		×	×		×	×			×	
系统分析员	×			×	×	×	×	×	×	×	×	×	×	×
应用程序员	×			×	×		×	×	×	×	×	×	×	×
帮助台和支持经理	×	×	×		×	×	×	×	×	×	×	×	×	×
最终用户		×	×				×	×						
数据录入员	×	×		×										
计算机操作员	×	×	×	×	×			×	×	×	×	×	×	×
数据库管理员		×	×	×	×		×		×	×	×	×	×	×
网络管理员	×	×	×	×			×	×		×	×	×	×	×
系统管理员	×	×	×	×			×	×	×		×	×	×	×
安全管理员		×	×	×			×	×	×	×			×	
磁带库管理员							×	×	×	×			×	
系统程序员	×	×	×	×			×	×	×	×	×	×		×
质量保证专员		×	×	×			×	×	×	×			×	

注：×——兼职会形成潜在的控制漏洞。

如果限于客观条件，某些职责不能恰当分离，通常需要提供补偿控制。常见的补偿控制机制有交易轨迹、监督性审计、独立性审计、核对、例外报告等。

IT 机构职责审计的主要关注点是：应划分合理职责，各不相容职责应分离；职责划分应得到有效执行。

IT 机构职责审计可遵循如下程序：

（1）审阅组织结构文件，如组织结构图、重要岗位的工作描述和作业流程，确认各项职责划分是否合理，不相容职责是否进行了严格的分离。

（2）实地观察与组织控制相关的作业活动，确认各项关键职能工作是否由不同员工担任，以及职责分离政策是否在实际作业活动中得以贯彻落实。

（3）检查用户授权表，确认有关人员的权限是否与其工作职责描述一致。

5.2.2　IT 战略规划审计

IT 战略规划是关于组织信息化建设的长远发展计划，是企业战略规划的一个重要部分。学者霍顿（Horton）曾明确指出：企业的信息资源与其他资源有同等地位，将信息资源分类与企业战略规划联系起来，把信息资源作为战略资产进行管理，在企业的每个层面上识别信息资源和获利机会，可构建企业新的竞争优势。

IT 战略规划通常包括如下内容：

（1）组织的战略目标、政策和约束、计划和指标的分析；

（2）信息化建设的目标、约束以及计划指标的分析；

（3）各应用系统的功能、信息系统的组织、人员、管理和运行等（治理架构、应用架构、技术架构和数据架构）；

（4）信息化建设的效益分析和实施计划等。

一般而言，IT 战略规划包括如下几个主要步骤：

（1）业务分析。主要内容是理解组织和各业务部门的现在与未来，理解组织和业务部门的发展目标和优先权。

（2）评估现行系统。主要检查当前的应用现状、技术架构、数据规划现状、IT 管理现状等，重点是评估信息系统支持业务部门的程度，信息系统计划是否适合业务部门，明确信息系统能够提供的潜在业务机会。

（3）识别机会，描绘 IT 蓝图。重点是通过识别信息系统改进组织及业务发展的机会，设计描绘出组织未来的 IT 治理架构、应用架构、技术架构和数据架构蓝图。

（4）选择方案。主要任务是确定各蓝图的实施计划，包括实施内容、时间安排、投资预算和风险分析等。

IT 战略规划审计的主要关注点是：组织应制定明确的 IT 战略更新政策；应明确各相关人员在 IT 战略更新过程中的职责；IT 战略应与组织战略保持一致性；IT 战略应在相关人员之间得以广泛传播与认知。

IT 战略规划审计可遵循如下程序：

（1）审阅 IT 战略委员会或其他 IT 高层组织结构职责文档，确认是否包含制定和周期性更新 IT 战略规划职责。

（2）访谈 CIO 及其他高级管理人员，评估分析 IT 高管、业务高管在 IT 战略规划过程的作用与参与程序。

（3）查阅委员会会议记录，评估高层对 IT 战略规划的关注程度。

（4）访谈 IT 部门主管、相关业务主管，分析评估其 IT 战略规划的理解认识、满意程度。

（5）审阅被审计单位的 IT 战略规划文档，分析评估 IT 规划是否得当，能否支持企业目标，满足业务活动需求和信息需求。

5.2.3　IT 外包治理审计

IT 外包是允许组织把某些 IT 服务交付转由第三方提供的机制。IT 外包虽然将服务交付转移，但其责任仍属于组织内部管理层。IT 外包治理是一系列责任角色、流程和控制机制，用来管理第三方服务的引入、维护、绩效和成本控制。

节省成本和使用先进经验提高质量是 IT 外包的主要动力。近年来，组织的 IT 外包活动不断发生变化。通常外包出去的 IT 服务有应用程序管理、基础设施管理、数据中心管理等。

信息系统审计师在开展 IT 外包治理审计业务时，需要根据不同的 IT 外包服务，考虑不同的风险控制点。

1. 应用程序管理外包

应用程序管理有三种形式：应用程序开发、软件维护和产品支持。下文分别阐述各自含义及审计主要关注点。

应用程序开发外包是指将应用软件或某功能模块的开发，外包给有专业的第三方软件公司。这种外包服务通常从客户提出需求开始,以客户完成用户验收测试为标志结束。

在应用程序开发外包的情形下,审计师需要关注以下风险点:

(1) 应用程序开发前,需要签署技术和功能规格文件。

(2) 软件开发编程应遵循清晰的编码标准。

(3) 测试计划、用例和测试结果应与外包方分离,并在合同中进行明示。

(4) 应当界定知识资本的产权。

(5) 应明示服务商破产时,访问源代码的情况。

软件维护是对现有程序进行升级更新。审计师应重点关注以下内容:

(1) 明确规定某项维护活动的期限。

(2) 由外包方记录和监控完成软件维护的时间。

(3) 新模块或功能测试的顺利完成,保证现有程序的升级不影响系统的正常运行。

产品支持是指当外包方的生产环境(应用程序、大型机和数据库)发生问题或错误时,服务商必须及时调查中断原因,并快速修复的活动。此项内容的审计,审计师应关注以下方面:

(1) 服务水平期望是否在服务合同时予以界定。

(2) 每个响应和解决记录是否存档,服务水平协议的遵循是否得到跟踪与监控。

2. 基础设施管理外包

基础设施管理外包服务包括管理维护基础设施性能、排队故障错误、备份和还原系统等。

基础设施管理外包的审计,需关注以下内容:

(1) 服务要求是否正式传达给服务商,比如任务书或工作邮件方式,不能采取口头或电话方式。

(2) 是否在合同中明示了服务水平期望,包括问题解决时间和期望质量等。

(3) 问题解决时间是否得以适当监控和测量,基础设施的关键部分的可用性能否得到有效保证。

3. 数据中心管理外包

数据中心管理外包源于减少信息管理成本的需要,今天的数据中心通常提供如下服务:

(1) 硬软件和操作系统的规划、采购、安装、配置、维护、升级与管理。

(2) 持续监测服务器性能和运行状况。

(3) 服务器作业能力管理,如容量规划、负载平衡与调整等。

(4) 服务器应用软件安装与升级。

(5) 硬软件的持续安装与管理。

(6) 安全管理与数据备份。

(7) 灾难恢复。

在评估外包数据服务时,审计师应重点关注:

(1) 服务商是否有足够能力承担该外包服务。

(2) 服务商能否将每个客户的数据和系统合理隔离,确保客户信息的保密性和完整性。

（3）服务商是否有足够的备份和灾难恢复能力。

（4）SLAs 规定了各类事故和事件的说明，应采取的行动及双方的责任。

（5）服务商是否采取有效技术手段能可靠实现信息访问身份标识与鉴别等。

（6）IT 部门、信息安全部门和关键业务部门是否共同组建一个集成的治理框架和监控流程，对外包的数据中心运行进行有效的控制。

思考题

1. 描述 IT 治理的概念、主要内容及典型的治理机制。
2. 概述 IT 治理审计的主要内容。
3. 描述常见的不能相容的 IT 岗位职责。
4. 概述审计师开展 IT 外包治理审计的关键点。

第6章
信息系统开发采购审计

信息系统开发采购审计就是对信息系统开发过程及采购活动进行审计,一是检查开发方法采购程序是否科学,二是检查开发或采购的信息系统实现的功能是否能满足业务的需要,是否能满足组织战略目标的实现。本章主要内容介绍信息系统开发方法和采购过程,以及信息系统开发/采购审计的主要内容或审计步骤,最后结合某电信 BOSS 系统案例对信息系统开发采购审计进行描述。

6.1 信息系统应用开发方法

组织开发信息系统源于以下因素:存在与新的或现有的业务过程相关的机会、现存的业务过程存在问题、使组织能利用新技术的机会、当前的技术存在问题。然而,任何信息系统开发都存在一个最终风险:交付系统的运营不能满足组织业务的需要。究其因可能最初的需求分析不准确,或者是信息系统开发过程中存在问题。

从信息系统审计师的角度看,对信息系统开发过程按生命周期划分各阶段,并根据各个阶段的特征来进行检查和评价,这种方法可以提供以下好处:当信息系统开发生命周期的每个阶段都可以由正式的程序和指南来确定时,信息系统审计师可以较深入地了解开发过程中的风险,能对开发的控制作用显著增加;信息系统审计师可以评价系统开发项目的所有相关阶段和领域,并独立地向组织管理层报告预定目标的完成情况和相关程序的遵守情况。

6.1.1 生命周期法

生命周期开发方法也被称为"瀑布式开发技术",是目前使用最广泛、最古老的方法。它是一种系统式的、顺序式的软件开发方法,从可行性研究开始,通过需求定义、设计、开发、实施和维护等阶段而逐步发展。这一系列的阶段都预定义了目标和活动,并建立了相应的责任、预期的结果和完成目标的期限。

信息系统开发生命周期法针对一个需求稳定、定义准确的系统项目时,是最有效的,适用于在开发的早期建立总体上的系统架构。它的主要优点就是提供了一个模板,明确系统开发过程中各个阶段的主要任务,如需求定义、设计、编码、测试等。

传统的系统开发生命周期法由 6 个阶段组成,每个阶段都有一套已定义的活动和结果。生命周期法每个阶段的目的和与前后阶段间的关系,以及每个阶段执行的活动和预期的成果,如表 6-1 所示。

表 6-1　生命周期法各阶段信息系统开发的主要内容

生命周期各个阶段	基 本 内 容
第 1 阶段：可行性研究	确定实施系统在提高生产率或未来降低成本方面的战略利益,确定和量化新系统可节约的成本
第 2 阶段：需求定义	关注软件的业务需求,包括功能和质量要求。这个阶段要决定是采用定制开发的方法,还是采用供应商提供的软件包
第 3 阶段 A：设计（自行开发）	以需求定义为基础,建立一个系统基线和子系统的规划说明,一般包括概要设计和详细设计
第 3 阶段 B：选择（直接采购或外包定制）	以需求定义为基础,综合软件功能需求、操作支持和技术需求、供应商财务生存能力等因素基础上,选择最能满足组织需要的软件供应商
第 4 阶段 A：开发（自行开发或外包定制）	根据设计规格说明书开发、调试与测试程序及相应文档
第 4 阶段 B：配置（直接采购）	对采购软件的参数进行设置,以及建立接口程序以满足与现有系统进行连接的需要
第 5 阶段：系统实施	把新系统投入到生产运营中,包括确定系统转换方法、最终用户培训、系统运行支持等
第 6 阶段：实施后评估	当新系统或彻底改造的系统成功实施后,建立正式程序评估系统的充分性、评价成本效益或投资回报

1. 可行性研究

可行性研究是指在当前组织内、外部的具体条件下,系统开发工作必须具备的资源与条件是否满足系统目标的要求。主要有 3 个方面的可行性：技术可行性、经济可行性和社会可行性。

可行性研究主要完成下列任务：

(1) 确定在技术方面、经济方面、社会方面的可行性；

(2) 确定需要的信息资源或者满足业务需要的最佳解决方案；

(3) 确定现有系统是否能够调整或是否需要改进；

(4) 确定软件供应商的产品是否能够提供解决问题的方案；

(5) 确定解决方案是否符合组织业务战略目标；

(6) 决定进行系统进行开发还是购买现成的软件；

(7) 软件供应商提供的软件与组织 IT 基础设施是否具有兼容性；

(8) 未来业务环境变化,用户可能对系统功能进行变更的需要。

可行性研究报告通常包括可能的所有方案,并说明标准分析的结果,如成本、收益、风险、资源需求和组织影响等。

2. 需求定义

需求定义关注可行性研究阶段后业务需求的确定,包括描述要做什么样的系统、用户与系统的交互方式、系统运行的前提条件、系统应遵循的信息标准（涉及效率、效果、保密性、完整性、可用性、符合性和可靠性等相关的问题）。

需求定义阶段主要完成下列任务：

（1）咨询相关利益责任人（组织的所有者、管理层、项目发起人等），确定他们的预期。

（2）分析需求，查找并纠正相互矛盾的需求，确定需求的优先顺序。

（3）把用户需求转化为系统需求，如系统界面。

（4）以结构化的形式记录需求，即需求说明书。

（5）验证需求的完整、一致、明确、可验证、可修改、可测试和可跟踪，有效的需求检查可能避免开发阶段后期因需求调整而导致的额外巨大成本产生。

（6）解决需求和可用资源之间的矛盾。

在需求定义阶段，用户确定他们需要的信息资源，包括自动的、手工的，以及他们希望通过如何操作这些信息资源（如访问控制、法律规定、信息管理需求和界面要求）。

3. 系统设计

设计阶段主要根据前一阶段需求分析的结果，在已经取得批准的系统需求分析报告的基础上，进行新系统的设计，系统设计包括两个方面：一是概要设计，即系统总体架构的设计；二是详细设计，即把系统分解为具体的模块与组件进行设计。

系统设计的关键内容如下：

（1）开发系统流程图和实体关系图模型，以说明信息在系统中流转过程。

（2）确定设计方法。

（3）描述输入与输出。

（4）确定软件的过程步骤和计算规则，以满足功能需求。

（5）确定数据库文件设计。

（6）编写程序规格说明书，包括各类型的需求和信息标准。

（7）制定整套系统测试计划。

（8）制定数据转换计划。

（9）设立软件基线管理的最佳点。

详细设计完成后，在用户同意和软件基线确立的条件下，就可以把设计主案交给系统开发人员进行编程，进入开发阶段。

如果企业采用直接采购商品化软件时，此环节是软件选择过程，以需求定义为基础，向各软件供应商发出请求建议书，通过对软件功能性的需求、操作性的支持和技术需求的考虑，以及软件供应商的财务生存能力因素的评估，选定最能满足企业需要的软件供应商，并签订软件源代码第三方保密协议。

4. 开发

系统开发的目的是开发者通过软件编程实现在系统分析和系统设计中提出的管理方法和流程构想，最终的目标是完成一个可实施的软件产品。在这个阶段编程的责任由编程人员和系统设计分析员承担。

开发阶段实施的关键活动主要是以下两项内容：

（1）编程和编制开发程序文档、系统文档，包括确定编程标准，选用编程语言及集成开发环境。编程标准有助于提高系统开发效率，方便开发过程中的代码维护和修改。

（2）程序调试和程序测试。程序调试是贯穿整个开发过程中的开发人员最频繁的工作内容,开发人员通过调试工具来检测已完成程序的错误,并予以纠正。程序测试是开发过程的重要组成部分,用于验证和确认开发的程序、功能模块、子系统或应用系统的有效性。按从底向上的测试方法,测试可以分为单元测试、集成测试、系统测试、压力测试等。经过一系列的测试后,确定新系统在目标环境中能正常运行,再经过认证和鉴定,决定应用新系统后,进入新系统的实施阶段。

如果企业采购商品化通用软件,如通用财务软件、ERP 软件等,一般可直接通过配置软件参数或控制功能开关实现对软件的安装和上线,满足企业的特定需求。

5. 实施

进入实施阶段,新系统已完成相关测试并投入运行。最终用户对新系统进行验收测试,验收测试的原则就是交付的系统必须满足用户预定的需求。新系统成功完成全系统的测试后,系统随时可以投入生产。

（1）制定正式的实施计划,指导实施团队和用户进行正确实施,实施计划包括需要的资源、角色、责任、实施团队与用户间的沟通方法、培训方法、各种用例的规划。

（2）选定系统转换方法,制定新旧系统移植方案,转换方法主要有三种方式：直接切换、并行转换、分段切换。

（3）编撰系统文档和用户文档,准确定义系统功能,详细描述用户与系统维护人员的支持步骤,为维护人员和用户在较短的时间内学习新系统。

（4）针对最终用户、系统维护人员等进行有效的培训。

（5）建立支持平台,针对新系统出现的问题有顺畅的措施和途径进行报告、跟踪、解决等,同时遵循变更控制过程对改进需求进行分析、测试、形成文档等。

6. 实施后评估

新系统成功实施后,进行对新系统的评估来验证系统的设计与开发是否恰当、新系统中的控制是否适当,对于新系统是非常有益的。

实施后评估主要实现下列目标：

（1）评估系统的充分性。系统是否达到管理层和用户需求的目标；系统的访问控制是否已被恰当的定义和实施。

（2）评估项目的成本收益或投资回报率。

（3）提出系统的不足和不当之处。

（4）评估项目开发程序。所选定的方法、标准和技术是否得到遵循,项目管理技术是否适当采用。

实施后评估需在项目开始阶段就考虑实施后检查和需要检查的信息,在项目各阶段收集要检查的信息,使得在最后评估时资料更完整,评估更全面。

实施后评估应该由系统开发团队和最终用户共同进行。

6.1.2　其他开发方法

除生命周期法外,目前还广泛应用着一些其他的软件开发方法,如敏捷开发法、原型法、面对对象开发方法、基于组件的开发方法等。

1. 敏捷开发法

近年来出现了类似极限编程、特征驱动软件开发、自适应软件开发以及动态系统开发方法,这些均被称为敏捷开发方法,它们都被设计用来灵活处理被开发系统的变化和正在实施开发的项目。

敏捷开发方法不是一种方法,而是一类方法,所有的敏捷开发方法有许多共同点:

(1) 使用小型、时间盒管理的子项目和反复作业,每次反复成为计划下一次反复的基础。

(2) 在每次反复的末端重新计划项目,包括重新按优先级顺序排定需求,找出新的需求并确定实施哪一种发布交付的功能。

(3) 与传统开发方式相比,对已有的知识具有更大的依赖性。

(4) 小型化的团队工作机制能推动知识的有效传播,团队保持小规模,成员包括业务与技术人员,每天一起工作,且在固定时间进行团队会议,讨论项目进展和出现的问题。

(5) 部分敏捷开发方法规定至少双人并行编程作为分享知识的一种方式,并便于质量的检查。

(6) 项目经理从主要关注计划项目、分配任务和监督进度变为项目的推动者,计划和控制的责任下放给了团队成员。

2. 原型法

原型法也称作演化式开发方法,由用户首先提出开发要求,开发人员识别和归纳用户需求,根据识别、归纳的结构,构造出一个原型,并与用户一起评价原型,在评价过程中不断修正、完善,直至用户满意最后的模型。原型法促使开发人员与用户理解每个演化水平的风险并对这些风险做出反应。

原型法采用快速开发工具,如第四代编程语言和可视化工具软件等,允许用户在短期内可看到所有系统的工作模型。

原型法的优点在于:

(1) 遵循人们认识事物的规律,采用循序渐进的过程去开发和认识系统。

(2) 将模拟手段引入系统分析,便于用户和系统分析人员之间的沟通。

(3) 充分利用最新工具,减少系统开发时间和成本,提高效率。

但是,原型法也有潜在的风险:

(1) 系统的控制机制方面比较弱,因为重点关注用户的业务需求。

(2) 变更的控制变得更加复杂,因为在模型未定之前,处在动态的变化过程中。

(3) 对大型的系统很难模拟。

(4) 很难对有大量运算和逻辑性强的程序模块构造出适合的模型,供用户评价。

3. 面向对象开发方法

面向对象开发方法是最接近人们认识现实世界的一种软件开发方法。它将客观世界看成是由各种对象组成的,每种对象都有各自的内部状态和运动规律,不同对象之间的相互联系和作用构成系统。

面向对象的软件系统开发的过程包括"面向对象分析"、"面向对象设计"、"面向对象编程和测试"和"系统实现"等阶段，包含循环和逐步改进的机制。

面向对象法具有以下优点：

(1) 采用特定的软件工具，直接完成从对象客体的描述到软件结构之间的转换。

(2) 解决传统生命周期方法中客观世界描述工具和软件结构不一致的问题，缩短开发周期，解决从分析到设计到软件模块结构之间多次转换映射的繁杂过程。

(3) 面向对象法中的继承机制支持了模型与代码在一个系统中的重用，大大降低了软件系统的复杂性，提高了开发效率。

(4) 面向对象的封装性简化了开发过程。对象的属性数据与操作方法封装在一起，对每个对象及其方法和实现可以分别地甚至独立地进行而不必考虑其他对象是如何编码的，有利于大型复杂系统开发时的各开发人员分组独立工作，并且对一个类的修改会自动传递到它所属的所有子类。

(5) 一般情况下的开发对多态性也支持，无需对系统进行修改，这减少了错误和开发工作量，使系统对环境变化的适应性增强。

4. 基于组件的开发方法

基于组件的开发方法被认为是面向对象法的延伸，基于组件开发意味着通过定义的接口集成可执行的软件包，从而完成一定的服务。例如，使得程序对象能够相互通信，而不管它们各自的编程语言以及各自运行的操作系统。

基于组件开发法的优点如下：

(1) 减少开发时间。应用预先编好的组件集成，避免重写代码的时间。

(2) 改善质量。预先编好的组件都已经过严格测试。

(3) 使开发人员更关注业务功能。

(4) 加强模块性和重用性，减少开发成本。

(5) 支持多用户的开发环境。

(6) 便于系统的重构，即重用设计和程序组件，更新现有系统。

基于组件开发方法的相关技术都是为了提高软件的可靠性和软件的可扩展性而采用的技术手段。组件在基于网络的应用上发挥了重要作用。从技术成熟度考虑，组件技术风险很小，但是在为了获得良好软件架构和稳定的组件，与传统的开发方法相比，需要额外的工作，这会对项目工期带来风险。

6.2　信息系统基础设施采购

信息系统除了需要开发或采购的应用软件系统外，还需要相应的硬件设施和系统软件环境作为支撑，一般组织视资源的现状做出更新或新购的决策。

6.2.1　软硬件的规格说明

硬件的采购通常以招标书和请求建议书的形式作为硬件规格说明书送达各供应商，该

规格说明书必须尽可能全面说明所需设备的用途、任务和要求,包括设备所处环境的描述。硬件采购规格说明书的常见内容如下:

(1) 组织的描述:指出该硬件设施是集中还是分散。

(2) 信息系统处理需求:现有的主要应用系统及将来的应用系统,负载和性能的需求,处理途径(在线/批处理、客户端/服务端、实时数据库、持续运行)。

(3) 硬件物理指标需求:CPU 速率、外部设备、数据输入设备、连入设备(各终端机器)、网络能力、系统需要支持的终端或节点数量。

(4) 系统软件应用:操作系统软件、编译器、数据库软件、通信软件、访问控制软件等。

(5) 支持需求:系统维护、培训及备份要求。

(6) 适应性需求:软硬件的系级能力、兼容性以及对其他设施的影响。

(7) 约束条件:员工水平、现硬件容量、交付日期。

(8) 转换需求:软硬件测试时间、转换设施、成本及价格信息。

6.2.2　软硬件的采购步骤

从供应商采购软硬件时,应考虑采取以下过程:

(1) 拜访其他用户或获取其他用户的推荐书。

(2) 提供竞争性出价。

(3) 根据需求分析投标书。

(4) 比较投标书。

(5) 分析供应商的财务状况。

(6) 分析提供商维护和支持(包括培训)的能力。

(7) 根据需求审查交付日程。

(8) 分析软硬件升级能力。

(9) 根据需求评估性能。

(10) 价格的审查和协商。

(11) 检查合同条目。

(12) 准备正式的书面报告,汇总候选方案的分析结果,并基于成本效益原则说明最终的选择理由。

6.2.3　制定评估标准

对用于评价供应商建议的标准和数据应有恰当的计划,以下是在评价过程中应考虑的标准:

(1) 周转时间:在发生故障时,帮助台或供应商在登录系统到解决问题所需要的时间。

(2) 响应时间:系统响应一个特定用户查询所需的时间。

(3) 吞吐量:单位时间内系统的有效工作量。

(4) 负载:执行必要工作的能力。

(5) 兼容性:供应商提供的新系统对现有应用的运行支持能力。

（6）容量：新系统处理并发网络应用请求的数目，以及为每个用户处理的数据量。

（7）利用率：系统可用时间与故障时间之比。

6.3　信息系统开发采购审计的实施

6.3.1　信息系统开发采购风险

开发新系统是一项高成本高风险的工作，IT 审计师衡量信息系统开发采购的风险级别时，需要根据应用的复杂性、重要决策的依赖程度、应用时间、使用者的数量等因素综合权衡。

常见的典型风险有：信息系统缺少组织战略方向，系统开发缺少开发标准或规范，无明确的开发目标，组织内部环境差，资源可用性差，项目复杂性，缺乏有经验的员工，缺少最终用户的参与，缺少管理层对系统开发的承诺。

信息系统审计师需要有良好的知识技能，保证在系统设计与开发中存在有效的控制点。信息系统审计师辅助组织系统开发，评估系统开发标准，监督项目进展，评估系统开发过程的各阶段，同时信息系统审计师也要辅助管理层审查关键系统的输入与处理过程，证实新系统已留有足够的审计轨迹。

信息系统开发采购审计是对信息系统开发或采购过程进行风险控制，保障该过程的安全性、可靠性和有效性。通常，这类审计范围包括项目管理、系统设计审查、开发审计、获取审计、安装后评估审计等。

信息系统工程监理是指通过目标规划、动态控制、组织协调和合同管理等方法，在整个规划、设计、实施和验收的全过程中，实现工程项目的投资、进度和质量三大目标，以保证信息系统工程质量和项目的顺利进行。

信息系统开发采购审计与信息系统工程监理有一定的相似性，容易产生混淆，二者的异同如表 6-2 所示。

表 6-2　信息系统开发采购审计与信息系统工程监理的概念辨识

比较内容	信息系统开发采购审计	信息系统工程监理
作用	具有鉴证、咨询与促进的作用	工程项目全过程的监督控制作用，协调工程项目各方关系的作用
工作主体	包括内部审计和外部审计	独立于投资方和承建方的第三方
业务范围	获取并评价证据，判断信息系统是否能够保证信息资产的安全、数据的完整，评价资源利用的有效性和组织目标的实现效果	具有监理资质的第三方接受信息系统建设方的委托，依据国家及地方政府有关的信息系统工程建设标准和开发合同、监理合同，对信息系统工程的质量、进度和投资方面实施监督
目的	合理保证信息系统能够保护信息资产的安全，审计活动随信息系统的生命周期延续下去	保证信息系统工程建设质量、进度和投资额满足建设要求，监理工作随着工程项目的完成而结束
工作方法	面谈、观察、分析性复核等，以及利用查询统计、多维分析技术完成证据搜集	利用项目管理技术，实施对工程项目的质量控制、进度控制和投资控制
服务对象	被审计组织的股东、债权人、管理层、政府机构和一般的社会公众	建设合同的双方：信息系统的建设方和承建方

6.3.2　信息系统开发采购审计内容

信息系统审计师在系统开发生命周期过程中通过审查现有的标准和过程,进行控制环境的分析,并评估这些标准和过程的完整性及操作效率,初步并识别组织战略及管理与控制开发的责任,具体可以按以下内容描述。

1. 可行性研究审计

在可行性研究审计时,信息系统审计主要内容包括:
(1) 审查此阶段产生的文档的合理性;
(2) 判断是否所有的成本收益都是真实的;
(3) 识别并判断系统需求的必要程度;
(4) 判断或评估解决方案的合理性;
(5) 判断所选解决方案的可行性。

2. 需求定义审计

在需求定义阶段,信息系统审计主要内容包括:
(1) 获取详细的需求文档,通过和相关用户部门的面谈确认它的正确性;
(2) 确定项目组的关键成员是否能够代表所有业务部门;
(3) 判断项目的发起和成本是否都已经得到适当的授权批准;
(4) 审查系统的概要设计说明(如数据描述、数据处理过程等),判断它们是否符合用户的需求;
(5) 确定适当数目的供应商,并对这些供应商发送涵盖项目所有范围及用户需求的招标书;
(6) 确定此应用系统是否适合嵌入式的审计方法,如果是,要求嵌入程序并入到系统的概要设计中。

3. 软件获取审计

软件获取阶段是指针对通过外购成品软件来替代开发获得的过程,在此阶段的信息系统审计主要包括如下内容:
(1) 分析可行性研究的文件,判断购买方案的决策是否适当;
(2) 审查招标建议书的要求,保证它涵盖了用户的需求;
(3) 判断在发给软件供应商的各种文件中,是否对供应商选择存在倾向性;
(4) 在与软件供应商签订合同之前,审查合同并确定没有遗漏;
(5) 保证合同在签订之前由法律顾问审查过。

4. 详细设计与编码过程的审计

在详细设计与编码阶段,信息系统审计的主要内容包括:
(1) 审查系统流程图是否符合总体设计。确认所有变更均事先与相关的用户讨论过并获得其认可,这些变更均得到适当的批准;

（2）审查系统设计的输入、处理及输出控制是否适当；

（3）审查系统关键用户是否理解如何操作，并定出他们在对屏幕格式及输出报告上参与设计的等级；

（4）评估审计软件是否能够充分跟踪系统事务处理；

（5）确认关键计算及处理程序的正确性；

（6）确认系统能识别的数据并能够适当处理；

（7）审查本阶段所开发程序的质量保证结果；

（8）证实所有对程序错误所提出的修正建议已被执行，所建议的审计轨迹或嵌入式审计模块已嵌入适当的程序之中。

信息系统审计师需要审查新系统计划，核对与编程规范的一致性，这些规范保证代码易于维护。信息系统审计师可以抽查一部分程序，看是否遵循了标准，程序是否符合系统设计。此外，还需要审查可能的控制漏洞，每个设计的控制是否进行。如果控制需求确定，信息系统审计师要提出建议，确保控制的有效性。

5. 测试审计

系统测试是信息系统开发生命周期过程中一个十分重要的部分。尽管在系统开发生命周期中的各个阶段都采用了严格的技术审查，但依然难免遗留差错。如果没有在投入运行前的系统测试阶段被发现并纠正，问题会在以后的正式运行中暴露，带来的损失可能会更大。系统测试的工作量和成本都很大，占到整个开发工作的一半左右，因此信息系统审计师对测试阶段的审计必须全面投入。

测试审计有如下主要内容：

（1）检查用户参与测试的证据，如测试用例的开发，考虑重新运行关键测试；

（2）检查错误报告，判断报告对错误资料的识别及解释能力；

（3）审查的周期性作业处理（如月末、年末的报表处理等）；

（4）审查系统和终端用户文档，判断其完整性与正确性；

（5）审查并行测试结果的正确性；

（6）进行访问测试，判断系统安全措施是否按设计要求有效执行；

（7）检查单元测试和系统测试计划，判断计划是否完整，是否已包含内部控制测试；

（8）信息系统审计师需要向管理层合理保证，所有开发组与用户都已详细测试过系统。

6. 新系统实施阶段的审计

实施阶段的审计只有在成功的测试过程结束之后方能进行，系统必须按照组织的变更控制程序进行实施。

实施阶段的信息系统审计有如下主要内容：

（1）审查所有系统文档，判断其完整性及所有最近在测试阶段所做的更新均能反应在文档中；

（2）在系统投入日常作业前确认所有数据的转换，保证其准确性和完整性。

7. 实施后审计

新系统在生产环境中稳定下来后,需要对系统实际运行状况进行集中分析和评价,开展实施后审计。实施后审计和实施后系统评价的内容相似,但目的不同,进行的时间不同。

系统评价是在系统开发项目完成时进行的,是对系统的验收;而实施后审计是在系统投入运行后定期或不定期进行的审计,主要有以下目标:确定系统的目标和需求是否已经达到,确定可行性的程序变更需求,评估系统变更的类型。

实施后审计一般采取如下审计程序:

(1) 审查系统中各种资源的利用率,包括计算机、外部设备、软件、人力、信息资源的利用情况;

(2) 审查系统内建的控制机制,确定它们在按设计要求运作;

(3) 审查操作人员的错误日志,决定系统是否存在固有的操作或资源问题;

(4) 审查输入及输出的金额并进行报告,证实系统准确地处理了数据;

(5) 指出系统改进和扩展的方向。

6.4　电信业务运营支撑 BOSS 系统开发审计案例

6.4.1　BOSS 系统简介

电信业务运营支撑系统,通常被称为 BOSS 系统(Business & Operation Support System),是电信运营商业务处理信息化管理的基础平台,用于支持前台销售、客户服务、内部支撑全流程及分析管理的业务管理系统,在电信运营商信息系统中占有核心地位,是实现企业战略目标的关键系统。

BOSS 系统主要有以下组成部分,如图 6-1 所示。

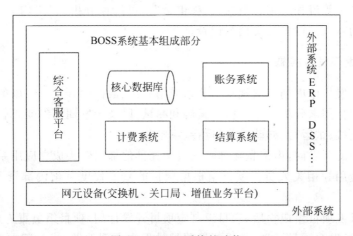

图 6-1　BOSS 系统的功能

1. 计费系统

计费系统就是从网元(如交换机、关口局等)设备上收集相关的通信服务记录,通过数据检验、格式转换等预处理,生成待批价详细话单;然后根据既定的批价原则和计费费率规则,进行批价,生成计费详细话单。

2. 结算系统

为运营商内部之间漫游和运营商之间互通进行结算,提供双方为对方提供的服务的收入和支出,结算的数据采集自各级关口局。

3. 综合客服平台

为客户服务提供全方位的接触界面,包括客服呼叫中心、营业受理及大客户 CRM 等,完成客户个性化业务受理和业务请求,并发指令或工作任务单送各网元设备进行服务开通。

4. 账务系统

根据计费话单和客户业务信息,完成个性化的账单优惠处理,提供灵活、多途径的收费功能,满足客户个性化的账单及其详细话单,对市场变化做出迅速反映,方便地支持新品牌、新的资费套餐及其新的服务手段的推出。

6.4.2　BOSS 系统开发规范

以某省电信运营商制定的信息系统开发管理规范示例,公司根据有关的法律、法规,结合其公司实际,对信息化项目建设做出规范要求,制定详细的开发制度。

1. 信息系统采购

按照公司相关内部管理制度描述了关于 MSS、BSS 应用系统的提出、立项、审批、采购合同的签订和管理等流程。主要包括"立项申请"、"可行性分析"、"采购"三个关键的环节,各环节有规范的输入与输出的文档与记录。

2. 应用系统开发与实施

按照软件开发生命周期方法规定了公司应用系统、数据库开发与实施的整个管理流程。开发阶段主要包括需求分析、程序设计、编码和测试,以及开发期间的变更管理等,实施阶段主要包括系统割接、试运行、初验、正式运行、终验和后评估等。

新应用系统的开发前,由信息化部牵头或委托其他部门牵头成立应用系统开发项目组,成员包括系统使用等相关人员。项目组根据项目的重要程度分配内部资源(包括人员、技术、信息等)。

应用系统开发项目组成立后,项目组制定项目开发计划,项目组负责人监督整个项目的开发进程,以保证符合项目计划,如果开发项目过程中出现偏差,出具问题分析报告并更新项目开发计划。

开发工作完成以后,项目组制定项目实施计划,项目组负责人监督整个项目的实施进程,出现偏差时在问题分析报告中提出解决方案并更新项目实施计划。

整个开发与实施各环节明确公司内部各级管理层的决策职责、各部门的管理职责,并制定相关管理过程规范(见表 6-3),作为开发实施过程的记录性凭证。

表 6-3 BOSS 系统测试计划

测试记录序号		产品编号		
测试系统		测试日期		
测试用例				
测试用例类型	□ 单元测试 □ 系统测试 □ 界面测试 □ 接口测试 □ 平行测试 □ 容量测试 □ 用户测试 □ 其他			
资源需求				
测试目标				
测试步骤				
测试人签字/时间		项目负责人签字/时间		
备注				
主管审批		签字	日期:	

6.4.3 BOSS 系统开发审计

电信业务运营系统随着业务发展,便得系统越来越庞大,开发周期越来越长,投资越来越大,因此系统建设的风险也越来越大,因此在系统开发过程中引入系统开发审计,对于保证系统开发的质量、可靠性、有效性有着重要的意义。根据系统开发的生命周期理论,对每一阶段进行审计。

1. 可行性研究和需求分析阶段的审计

可行性研究和需求分析阶段主要包括提出新系统目标、成立开发小组、可行性分析、现状调查、需求分析和逻辑模型建立。信息系统审计师主要开展以下工作:

(1) 确定需求是否符合公司信息化规划目标和企业内部系统业务技术规范要求,以确保系统目标满足公司战略目录的实现。

(2) 检查项目负责人召开的重要会议,确保是否有各部门相关人员参加。

(3) 全面检查可行性研究和需求分析阶段的现状分析报告、可行性报告、业务处理流程图、输入输出说明书和用户需求说明书等文档是否完整、正确。

2. 系统设计阶段的审计

系统设计是根据需求分析中提出的逻辑模型,考虑实际的设备、技术条件、经济条件及社会条件,确定新系统的实施方案即系统的物理模型。系统设计分为系统概要设计和系统详细设计。信息系统审计师主要从事以下工作内容和方法:

(1) 查阅系统设计是否采用结构化设计方法,是否满足模块的划分、业务支撑和内部管理的需要。

(2) 审核数据库文件是否符合控制要求、用户输入数据和输出信息要求,注意文件和数据的安全保密控制和权限控制。

（3）审核计算机硬件设备和网络系统配置方案，确保系统满足突然的并发性等。

（4）审阅系统的输入输出、业务处理过程设计是否符合公司发布的业务规范和技术规范的要求，并保证各环节之间有核对机制。

（5）审核新系统的实施方案，以确定整个系统设计的文档（系统概要设计书、详细设计报告、系统设计报告）是否齐全、正确。

3. 系统编程与测试阶段的审计

系统编程与测试阶段是整个业务运营支撑最主要、耗时也最久的阶段，在此阶段，把前一阶段的各类需求文档、设计文档的内容通过编程、调试、测试来具体实现。信息系统审计师主要工作内容如下：

（1）审查选择的程序开发工具、数据结构和算法；查阅程序中控制措施，确定各种必需的内部控制是否都已纳入所设计的程序中；检查程序流程图是否正确，检查源程序的正确性、可读性、可测试性和可维护性是否达到要求；检查程序文档是否完整和规范。

（2）参与和监督程序的分调试和总调试。

4. 系统实施阶段的审计

系统实施阶段是将新系统开发经过测试之后，准备交付实施的过程。它的主要活动是进行系统试运行、新旧系统转换等工作，信息系统审计师主要工作内容和方法如下：

（1）与开发人员、用户等一起参加系统的最终测试和试运行。检查试运行记录和试运行报告，核对新旧系统处理结果，看其是否达到预定的目标，有无发现系统存在的问题；系统能否正式投入运行；审核所选的系统转换方式是否合理。

（2）审核业务运营支撑系统的操作管理制度。检查是否制定了严格的硬件、软件管理制度，制定的制度是否符合内部控制的原则并有效执行；检查系统修改的文档资料，是否妥善保管；实地观察系统的运行状态，检查系统的运行是否正常；参与系统运行后的审核和评价。

（3）详细检查系统实施阶段的程序设计规格书、源程序清单、程序测试报告、系统测试报告、操作手册等文档是否完整准确。

随着电信业改革进一步深化，业务运营支撑系统建设越来越庞大复杂，引入业务运营支撑系统开发全过程的审计，将对系统开发过程的恰当控制，系统开发方法的先进性和合理性，系统开发文档的规范性，以及系统运行处理的合法性、正确性、完整性和高效性，都具有很大的作用。

思考题

1. 典型的信息系统开发方法有哪些？列举 5 种，说明各自特点。
2. 辨别信息系统开发采购审计与信息系统监理的概念。
3. 信息系统开发采购审计的主要内容是什么？

第7章
信息系统运营维护服务审计

IT 服务管理是备受广泛关注的新兴领域。本章首先介绍了 IT 服务管理的概念和主要内容；然后针对 IT 运营维护服务审计的三个关键内容"变更管理审计、问题管理审计和硬件可用性审计"，分别阐述各自的基本知识、主要审计关注点和审计程序；最后通过某 ERP 系统的运营维护审计案例展示信息系统运营维护审计的实施思路，包括如何确定审计依据、识别关键控制点，以及设计控制测试方案等。

7.1　IT 服务管理概述

7.1.1　IT 服务管理内涵

在 IT 项目的生命周期中，大约 80% 的时间与 IT 项目运营维护有关，而该阶段的投资仅占整个 IT 投资的 20%，形成典型的"技术高消费"、"轻服务重技术"现象。据国际 IT 领域的权威研究机构 Gartner 的调查发现，在经常出现的问题中，源自技术或产品（包括硬件、软件、网络、电力失常及天灾等）方面的其实只占了 20%，而流程失误方面的占 40%，人员疏失方面的占 40%。流程失误包括变更管理没有做好、超载、没有测试等程序上的错误或不完整，人员疏失包括忘了做某些事情、训练不足、备份错误或安全疏忽等。这就说明，IT 运营方面的问题更多的不是来自技术，而是来自管理方面。那么，如何进行 IT 运营管理呢？

世界上许多企业和政府部门进行了长期的探索和实践。早在 20 世纪 80 年代中期，英国政府部门发现提供给他们的 IT 服务质量不佳，于是要求当时的政府计算机和电信管理局（CCTA），启动一个项目对此进行调查，并开发一套有效的和可进行财务计量的 IT 资源使用方法以供本国的政府部门和私有部门使用。这个项目最终成果是一套公开出版的 IT 管理指南，即 ITIL（IT Infrastructure Library，信息技术基础架构库）。

虽然 ITIL 最早是为英国政府开发的，但是在 20 世纪 90 年代初期，它很快就在欧洲其他国家和地区流行起来，继而成为事实上的欧洲 IT 服务管理标准。2001 年英国标准协会发布了以 ITIL 为基础的英国国家标准 BS15000，2005 年，BS15000 正式发布成为国际标准 ISO20000。

这些标准逐渐形成了一种新的 IT 运营管理方法论，那就是 IT 服务管理（IT Service

Management,ITSM)。IT 服务管理的重点是 IT 运营和管理,可通俗地称为"IT 管理的 ERP 解决方案"。

国际 IT 领域的权威研究机构 Gartner 认为,IT 服务管理是一套通过 SLA(服务级别协议)来保证 IT 服务质量的协同流程。它融合了系统管理、网络管理、系统开发管理等管理活动以及变更管理、资产管理、问题管理等许多流程理论和实践。

IT 服务管理领域的国际权威组织 itSMF(国际 IT 服务管理论坛)则认为 IT 服务管理是一种以流程为导向、以客户为中心的方法,它通过整合 IT 服务与组织业务,提高组织 IT 服务提供和服务支持的能力及其水平。

IT 服务管理有三个目标:

(1) 以客户为中心提供 IT 服务;

(2) 提供高质量、低成本的服务;

(3) 提供的服务是可准确计价的。

从组织层面上来看,IT 服务管理将企业的 IT 部门从成本中心转化为服务中心和利润中心。从具体 IT 运营层面上来看,IT 服务管理不是传统以职能为中心的 IT 管理方式,而是以流程为中心,从复杂的 IT 管理活动中梳理出那些核心的流程,比如事故管理、问题管理和配置管理,将这些流程规范标准化,明确定义各个流程的目标和范围、成本和效益、运营步骤、关键成功因素和绩效指标、有关人员的责权利,以及各个流程之间的关系。

7.1.2 IT 服务管理流程

ITIL 是目前普遍采用的一系列 IT 服务管理的实际标准及最佳实践指南,目前应用较多的是 V2 版本。其框架如图 7-1 所示。

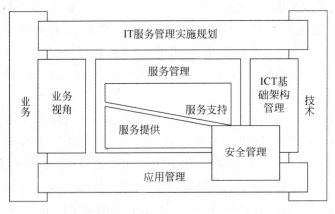

图 7-1 ITIL V2 框架图

服务管理是 ITIL 的核心模块,包含了两大类服务管理流程(服务交付流程和服务支持流程)和一个服务台职能,如图 7-2 所示。

服务交付	服务级别管理
	可用性管理
	IT 服务财务管理
	IT 服务持续性管理
	能力管理
服务支持	服务台（职能）
	事件管理
	问题管理
	配置管理
	变更管理
	发布管理

图 7-2　ITIL V2 的 IT 服务管理流程

服务交付流程的目标是确保 IT 服务的质量、稳定、适应性。服务支持流程的目标是能够及时解决故障。

1．IT 服务交付流程

IT 服务交付由服务级别管理、IT 服务财务管理、IT 服务持续性管理、可用性管理和能力管理 5 个流程组成。这 5 个流程的含义分别说明如下：

1）服务级别管理

服务级别管理是定义、协商、订约、检测和评审提供给客户的服务的质量水准的流程。服务级别管理流程的任务是确保服务级别协议是根据客户需求而不是服务提供者的技术能力确定的，保证服务级别协议得到有效执行，并在服务双方出现争议时提供有效的证据和解决争议的指导规则。

2）IT 服务财务管理

IT 服务财务管理是指负责预算和核算 IT 服务提供方提供 IT 服务所需的成本，并向客户收取相应服务费用的管理流程。

3）IT 服务持续性管理

IT 服务持续性管理是指确保发生灾难后有足够的技术、财务和管理资源来确保 IT 服务持续性的管理流程。IT 服务持续性管理关注的焦点是在发生服务故障后仍然能够提供预定级别的 IT 服务从而支持组织的业务持续运营的能力。

4）可用性管理

可用性管理是通过分析用户和业务方的可用性需求并据以优化和设计 IT 基础架构的可用性，从而确保以合理的成本满足不断增长的可用性需求的管理流程。

5）能力管理

能力管理是指在成本和业务需求的双重约束下，通过配置合理的服务能力使组织的 IT 资源发挥最大效能的服务管理流程。

2．IT 服务支持流程

服务支持由事故管理、问题管理、配置管理、变更管理和发布管理 5 个流程及服务台职能组成，如图 7-3 所示。

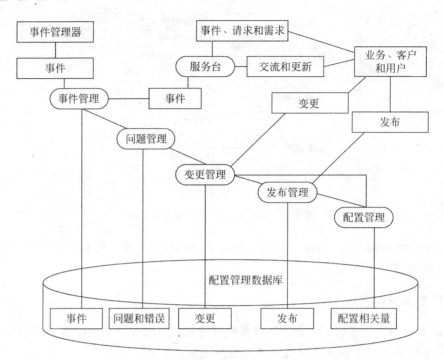

图 7-3　IT 服务支持 5 个流程及服务台的关系图[①]

这些服务流程和服务职能的含义分别说明如下：

1）服务台

服务台是一项管理职能，它是 IT 服务提供方与 IT 服务客户和用户之间的统一联系点。当客户或用户提出服务请求或报告事故或问题时，一方面，负责记录这些请求、事故和问题，并尽量解决它们，在不能解决时可以转交给相应的支持小组并负责协调各小组和用户的交互；另一方面，服务台根据支持小组的要求进一步联系客户，了解有关情况，并把支持小组的处理进展及时通报给用户。此外，服务台还为其他管理流程如变更管理、配置管理、发布管理、服务级别管理及 IT 服务持续性管理提供了接口。

2）事故管理

事故是任何不符合标准操作且已经引起或可能引起服务中断和服务质量下降的事件。事故管理的目的就是在出现事故时尽可能快地恢复服务的正常运营。避免它造成业务中断，以确保最佳的服务可用性级别。

3）问题管理

问题是导致一些或多起事故的潜在原因，问题管理就是尽量减少服务基础架构、人为错误和外部事件等缺陷或过失对客户造成影响，并防止它们重复发生的过程。问题管理与事故管理有明显的不同，后者是尽可能快地恢复服务，而前者的主要目的是找出事故产生的根本原因，为此，它甚至可能要求中断服务。问题管理如果发现一个或多个事故产生的原因，并找到临时措施就将其升级为知名错误，并提交变更请求（RFC）以消除事故或问题产生的根本原因。

①　张灵通. IT 服务管理体系研究及建设[D]，北京交通大学，2009.

4) 配置管理

配置管理是识别和确认系统的配置项、记录和报告配置项状态和变更请求、检验配置项的正确性和完整性等活动构成的过程。配置管理需要计量所有 IT 资产,为其他流程提供准确的信息,为事故管理、问题管理、变更管理和发布管理提供基础,验证或纠正基础架构记录。

5) 变更管理

变更是对已批准构建或实施的、已在维护的或作为基准的硬件、网络、软件、应用、环境、系统及相关文档所做的增加、修改或移除。变更管理就是为了在最短的中断时间内完成基础架构的任一部分或服务的任一方面的变更而对其进行控制的过程。变更管理追求的是"标本兼治",它不仅要找到解决事故或问题的根本方法,更要变更 IT 基础架构以防止此类事故和问题的再次发生。

6) 发布管理

发布是指一组经过测试后导入实际运营环境的新增的或经过改动的配置项。发布管理的目的是为了保证发布的成功,主要应用于大型或关键硬件、主要软件及打包或批处理的一组变更。

7.2　信息系统运营维护服务审计的内容

7.2.1　变更管理审计

变更管理是 IT 服务管理中关键的流程之一,变更管理的目的并不是控制和限制变更的发生,而是对业务中断进行有效管理,确保变更有序进行。

IT 运营维护过程中引起变更的因素主要有两个:一是来自外部的变更要求,如客户要求修改工作范围、功能需求、性能需求等;二是服务过程内部的变更要求。比较而言,最难处理的是来自外部的需求变更,因为客户需求变更的概率越大,所产生的影响也就往往越严重。

变更管理是对在最短时间内完成基础架构的任一部分或服务的任一方面的变更进行规划和监督的过程。必须建立一套可行的方法来评估变更的风险、产生的影响、资源的需求以及变更标准,需要在变更与变更所产生的影响之间平衡。

下面对变更管理运作过程中的主要活动进行介绍。

1. 记录变更请求

所有的变更请求都应该被记录并分配编号。最好的记录方法是使用集成服务管理系统。这种系统可以自动分配变更请求编号和记录有关变更请求的活动。此外,集成服务管理系统还可以进行分级授权,比如任何经授权的人员可以创建、增加变更请求处理报告,但是只有变更管理员或配置管理员有权终止变更请求。

2. 评审和筛选变更请求

在记录变更请求后,变更管理人员进行初步评价,以确定是否有不清楚的、不合法的、不切实际的或不必要的变更请求。然后,变更管理人员应根据变更的必要性及其对业务的影响来决定接受或拒绝变更请求。如果拒绝某个变更请求,应说明原因并给出变更请求提出者解释的机会。

3. 对变更请求进行分类和确定优先级

一旦决定接受某个变更请求,变更管理小组就必须确定该变更请求的类别和优先级。变更管理小组应根据服务台、事故管理和问题管理等对变更初步分类,进一步考虑变更的影响和可用资源等方面的情况,最终确定变更的类别。变更类别表明了变更的影响和它对企业所提出的要求,其结构和复杂性很大程度上是由业务需要决定的。优先级是根据问题的影响度和解决问题的紧迫性来决定的,它表明了某个变更请求相对于其他变更请求的重要程度。

4. 制定变更计划

在明确了变更请求的类别和优先级之后,变更管理小组需要根据变更进度安排表(FSC)制定变更计划。重大变更需要先由 IT 管理部门批准,然后再提交变更咨询委员会讨论批准。

5. 实施变更计划

在完成前面几项工作之后,变更管理可以开始具体实施变更计划。这个过程主要由构建、测试和实施 3 个步骤组成。为了防止变更之后 IT 组件对服务质量造成不良影响,所有变更在实施之前应该接受全面测试。测试的目的在于确定 IT 组件的安全性、可维护性、可支持性、可靠性、可用性等方面的性能。变更的实施不一定由变更管理人员亲自进行,任何部门中的负责基础架构管理的任何人员都有可能被要求对基础架构实施变更。在这一过程中,变更管理的任务是确保这些变更的实施按照变更进度计划表的安排进行,并保证变更对 IT 服务的影响降低到最低程度。

6. 评价和终止变更

变更实施完成后,变更管理小组或变更咨询委员会应对变更情况进行评价。如果认为成功,变更管理小组或变更咨询委员会就可以终止变更请求。反之,则要进一步采取行动进行补救,或者干脆撤销现有行动,然后提出一个修改后的变更请求。

变更管理流程的主要审计关注点包括:

(1) 当用户提出系统变更需求时,应有授权、优先排序及跟踪的机制;

(2) 在日常操作手册中,是否明确指出紧急变更程序;

(3) 变更控制是否为用户及项目开发组所认可;

(4) 变更控制日志中记录的所有变更是否已完成;

(5) 评估企业在处理紧急情况下的程序变更的流程是否合理;

(6) 评估对使用紧急情况下登录的安全访问程序是否充分;

(7) 评估变更需求被记录在适当的变更申请文件中;

(8) 确认现存文件均已反映变更后的系统环境;

(9) 评估系统变更的测试程序的适当性;

（10）复核测试计划与测试结果等适当证据，确认该测试程序是依据企业的相关标准而制定的；

（11）复核源代码与可执行码的程序一致性；

（12）复核产品可执行模块，证实有且只有唯一与源代码对应的最新版本。

7.2.2　问题管理审计

问题管理是指通过调查和分析 IT 基础架构的薄弱环节、查明事件产生的潜在原因并找到解决此事故的方法或防止其再次发生的措施，将问题和事件对业务产生的负面影响减少到最低的服务管理流程。

健全的问题管理关注预防性措施和引发事故的潜在因素的识别，其目的是寻找发生问题的根本原因，根据优先级定义解决关键性问题，并防止与这些事故相关的事故再次发生，增加支持人员解决问题的能力，以维持一个稳定的 IT 服务。

问题管理的目标如下：

（1）把将由 IT 基础架构中的错误引起的事件和问题对业务的影响减少到最低程度；

（2）查明事件或问题产生的根本原因，制定解决方案和防止事件再次发生的预防措施；

（3）实施主动问题管理，在事件发生之前发现和解决可能导致事件产生的问题。

问题管理强调找出事故产生的根源，从而制定恰当的解救方案或防止其再次发生的预防措施。为此，问题管理可能要求终止服务。如果问题管理发现一个或多个事故产生的原因（即问题），并找到解决这些事故的措施，问题就升级为已知错误（Known Errors）。随后可以提出一个变更请求（Request of Change）来消除该已知错误和防止类似事故再次发生，如图 7-4 所示。

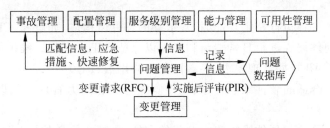

图 7-4　问题管理与其他管理流程的关系[①]

实施问题管理流程有如下作用：

（1）提高 IT 服务质量和管理水平：因为基础架构中的故障得到记录和（或）消除。

（2）提高用户的效率：因为提高了服务质量。

（3）提高支持人员的效率：因为事故的解决方案已被记录下来，事故管理人员可更加快速有效地解决事故。

（4）提升 IT 服务的声誉：因为服务的稳定性提高之后，客户在开展新的业务时会更加信赖 IT 部门。

（5）加强管理，增加操作知识，提高学习能力：问题管理保存的历史信息可用于确定事故或问题发展的趋势，因此可阻止发生新的可避免事故。历史信息也有助于在准备变更请

---

① ISACA，CISA MANUAL，2010：234.

求(RFC)时的调查诊断工作。

（6）改善对事故的记录水平：问题管理为事故的记录和分类引入标准，以有效地找出问题及其症状。它同时也可提高事故的报告水平。

（7）更高的一线支持解决率：由于问题管理将事故和问题的解决方案和应急措施保存在知识库中，所以一线支持人员解决事故的可能性更大。

问题管理流程的主要审计关注点如下：是否有充分的文档记录程序，支持 IT 部门人员及时记录、分析和解决问题，并符合管理层的要求，获得授权；问题管理机制是否适当，尚未解决的问题是否正在处理或解决中。

信息系统审计师开展问题管理审计，可遵循如下审计程序：

（1）判断信息系统部门是否建立问题处理程序；

（2）审查信息系统的使用记录，评估操作或问题处理程序，判断是否足以做服务分析；

（3）审查应用程序处理延迟的原因，判断其是否合理；

（4）判断向信息系统运营维护部门提出的或信息系统运营维护部门自己发现的问题是否均已记录；

（5）判断是否已经确认重大且经常发生的问题，并已采取行动以防止其再度发生；

（6）判断其问题是否均及时解决，解决方案是否完整、合理；

（7）审查由问题管理系统产生的管理报告，确定管理部门是否做出适当的审查；

（8）审查尚待处理问题的错误日志记录是否齐全，确保其能及时解决；

（9）审查操作文件，确保已建立尚待处理的问题上报更高层的信息管理部门的流程。

7.2.3　硬件可用性审计

计算机硬件由多种执行特定功能、相互依赖的部件所构成，如电源、CPU、I/O 部件和存储器等。计算机硬件需要进行日常清洁和保养以保证其正常运行。维护需求随系统复杂性和运行负载不同而不同（如处理要求、终端访问和应用数量等）。

组织需要建立合适的硬件维护程序、硬件监控程序和能力管理计划以保证硬件的正常运行。

硬件维护程序是关于硬件维护执行过程的文件，典型的信息如信誉好的服务公司、硬件维护日程表、硬件维护成本和硬件维护执行历史等。

硬件监控程序是监控硬件运行的一些方法，比如可用性报告、硬件错误报告、利用率报告、资产管理报告等。可用性报告指出系统工作正常的时间段，过多的宕机通常意味着不充分的维护、不充分的环境设施（电源或空调）或不充分的操作员培训等。硬件错误报告标识出电源、CPU、I/O 部件和存储器的故障。利用率报告记录机器和外设的使用情况。一般情形下，大型机的平均利用率在 85%～95% 之间，偶尔达到 100% 或低于 70%，如果利用率经常超过 95%，应考虑是否升级硬件，如果经常低于 85%，则有必要硬件是否超出了处理需求。

能力管理是对计算机资源的计划和监控，其目标是根据总体业务的增长或减少，动态地增减资源，以确保可用资源的有效利用。能力计划应由用户和 IS 管理部门共同参与完成，并至少每年进行审核和修改，能力计划应包括基于过往经验的预测，同时考虑潜在增长。重点考虑如 CPU、计算机存储设备、带宽和 I/O 通道的利用率等。

硬件可用性审计旨在确保最优的硬件可用性和利用率，相关审计线索可以从问题日志、处理计划、作业记账报告系统、预防性维护计划和报告及硬件性能监控计划中获得。

硬件可用性审计遵循如下审计程序：

（1）审核硬件性能监控计划，并与问题日志、处理计划、预防性维护计划和报告进行比较，以确定处理的有效性。

（2）审核问题日志，确定 IS 管理层是否已经对硬件故障、重新运行、异常系统终止等进行了审核。

（3）审核预防性维护计划，确定是否遵守了设定的维护频率。

（4）审核硬件可用性和利用率报告，确定调度方案能充分满足负载安排和用户需求。

（5）确定 IS 资源是否足以满足那些对资源可用性要求很高的应用程序。

7.3 ERP 系统运营维护审计案例

7.3.1 被审计单位信息化基本情况

某集团公司于 20 世纪 90 年代开始应用信息化系统管理公司各项业务，目前，系统涵盖了金融、农业、能源和房地产等多个板块业务，包括 ERP 及相关系统、酒店管理系统、办公系统等 60 多个信息系统。软件来源主要以购买为主，自主开发为辅。

信息化领导小组是该集团公司信息化建设的最高责任机构，信息化领导小组对公司信息化建设的战略发展方向及重大事项具有决策权。组长是公司主管信息工作的副总裁，副组长是总会计师，成员包括与信息化工作相关的职能部门负责人。

信息领导小组下设信息化工作小组，负责协调、推进集团信息化建设的各项工作，如组织和推进与信息化建设相关的管理流程优化与改进，制定公司信息标准及规定等。信息化工作小组由具体负责信息化建设的部门代表组成。

该集团公司还设有信息技术部，是该集团公司信息化建设的职能部门，具体开展制定、推进和实施全公司信息工作发展战略规划，整合、配置和管理全公司信息技术资源，为全公司业务高效发展提供信息应用及技术保障和服务等工作。信息技术部又由 ERP 系统部、应用系统部、网络系统和客户服务部三个部门组成，目前总共有人员 50 人。

7.3.2 审计目标

在全面了解该集团公司 ERP 系统的建设、运营与日常管理等基础上，识别并描述其 ERP 系统变更管理流程的关键风险点，评估其 ERP 系统的运行、维护是否得到有效控制，能否保证信息系统的安全性和有效性，并针对该集团公司 ERP 系统运营管理工作中存在的风险隐患问题，提出相应的改进建议。

7.3.3 审计过程

1. 理解现行制度规定

《企业内部控制应用指引——计算机信息系统》第十七条规定："信息系统上线后，发生的功能变更，应当参照上款有关系统开发的审批和上线程序执行。"具体包括以下要求：

第十条　信息系统开发必须经过正式授权。具体程序包括：用户部门提出需求；归口管理部门审核；企业负责人授权批准；系统分析人员设计方案；程序员编写代码；测试员进行测试；系统最终上线；系统维护等。

第十一条　企业应当成立项目管理小组，负责信息系统的开发，对项目整个过程实施监控。对于外包合作开发的项目，企业应当加强对外包第三方的监控。

第十二条　外购调试或外包合作开发等需要进行招投标的信息系统开发项目，企业应当保证招投标过程公平、公正、公开。

第十三条　企业应当制定详细的信息系统上线计划。对涉及新旧系统切换的情形，企业应当在上线计划中明确应急预案，保证新系统一旦失效，能够顺利切换回旧的系统状态。

第十四条　新旧系统切换时，如涉及数据迁移，企业应当制定详细的数据迁移计划。用户部门应当积极参与数据迁移过程，对数据迁移结果进行测试，并在测试报告上确认。

第十五条　信息系统在投入使用前应当至少完成整体测试和用户验收测试，以确保系统的正常运转。

第十六条　信息系统原设计功能未能正常实现时，企业应当指定相关人员负责详细记录，并及时报告归口管理部门。归口管理部门负责系统程序修正和软件参数调整，以实现设计功能。

2. 识别关键控制点

参考国际标准 ISO20000 及我国现行制度规定，可识别出程序变更流程应当包括以下关键活动：

(1) 识别程序变更需求；

(2) 详细地记录程序变更的具体要求并提交程序变更申请；

(3) 业务影响评估和风险评估；

(4) 批准程序变更申请；

(5) 变更程序的开发与测试；

(6) 检查并实施程序变更过程；

(7) 检查、验证程序变更是否达到预期；

(8) 记录变更的版本号，存档变更文档和变更升级程序。

整体变更管理流程需要检查的控制点如表 7-1 所示。

表 7-1　该集团公司 ERP 系统变更流程的控制矩阵

控制目标	控制活动编号	控制活动
规范程序变更管理流程，保障应用系统的正常进行运行和维护	1. 程序变更制度管理	应当建立系统变更管理制度
	2. 程序变更需求管理	程序变更需要有正式的需求，并经过主管的审批
	3. 变更程序的影响评估	在程序变更前对程序变更的影响应当进行有效评估
	4. 变更程序的实施	程序变更实施过程应当完整、受控、有记录
	5. 变更程序的测试	变更的应用程序移植到生产系统前，必须组织人员进行系统测试和最终用户测试，测试不能在生产环境中进行
	6. 版本变更管理	信息管理部门必须对应用系统版本变更进行管理，记录每次变更的版本号，存档变更文档和变更升级程序

3. 变更控制的测试设计

严谨的变更管理流程可有效防范不法分子利用软件作弊,提高软件程序质量。建立了如表7-1所示的控制矩阵后,可借鉴 GAO 的联邦信息系统控制审计手册 FISACM、IIA 的全球技术审计指南 GTAG 及 ISACA 的 IT 保障指南,进一步设计出各控制点的测试方法步骤,相关描述如下:

(1) 测试该集团公司的 ERP 系统程序变更管理制度。

① 访谈关键岗位人员,了解 ERP 系统程序变更制度情况。

② 调阅相关的系统管理规定和程序变更制度文件,了解并记录关键的控制要求。

(2) 测试该集团公司 ERP 系统的程序变更需求管理与审批控制。

① 向 ERP 系统相关人员询问公司对于提出程序变更需求的规定,了解公司有无程序变更需求的统一模板。

② 取得程序变更需求的统一模板,了解其关键控制要素。

③ 查看最近两年的变更申请资料,查看是否提出明确的外部或内部变更要求。

④ 查看最近两年的变更申请资料,查看是否存在高层主管的授权申请签名,以确定申请有效性。

(3) 测试该集团公司 ERP 系统的程序变更评估控制。

① 询问是否存在程序变更评估。

② 询问是否存在变更评估的相关文字材料或评估过程记录。

③ 取得变更评估的相关文字材料或评估过程记录。

④ 查阅变更评估的文字材料或评估过程记录是否有评估时间、评估事项、评估结果等要素。

(4) 测试该集团公司 ERP 系统的程序变更实施过程控制。

① 询问是否有变更实施记录,查阅变更实施记录。

② 确定实施人员所在部门和岗位,查看变更实施人员岗位是否兼任与程序变更责任有冲突的岗位。

③ 审查变更实施是否有计划安排并按时间进度进行。

④ 审查在程序变更过程中使用了什么标准开发方法和工具。

(5) 测试该集团公司 ERP 系统的程序变更测试是否充分有效。

① 询问是否存在变更测试记录。

② 查看保存的变更测试记录,确定是否有最终用户参与。

③ 取得并查看变更测试报告,确认是否满足用户变更需求。

(6) 测试该集团公司的 ERP 系统的版本控制和程序及文档的保存、更新管理控制。

① 询问是否有程序文档保存规定,是否设置了负责保管程序文档的岗位。

② 审查是否存在程序及文档保存制度。

③ 查看制度中是否有防止未授权人员接触、改动源程序中的规定。

④ 查看制度中是否按要求对各期的版本及时编号保管。

4. 变更控制的测试结果

以变更控制测试方案为指导来实施测试,得到如表7-2所示的结果。

表 7-2   该集团公司 ERP 系统的变更控制测试结果

控制点	测试结果	测试记录文档编号
1. 程序变更制度管理	该集团公司未建立专门的管理制度来规范 ERP 系统的程序变更管理； 信息技术部未制定书面的 ERP 系统程序变更管理流程	Change_Control_001
2. 程序变更需求管理	信息技术部制定了统一的程序变更需求申请单； 存在部分程序变更需求文档无主管签字	Change_Control_002
3. 变更程序的影响评估	没有严格的程序变更风险评估，仅根据信息技术部的开发工作量及需求的紧急程度拟定优先级	Change_Control_003
4. 变更程序的实施	程序变更的开发实现了职责分离； 程序变更的开发遵循优先级； 程序变更的开发基本符合计划	Change_Control_004
5. 变更程序的测试	存在变更测试记录； 业务用户参与了变更程序的测试	Change_Control_005
6. 版本变更管理	有专人负责保管程序文档； 无书面的程序变更文档保管制度； 变更程序的文档更新与程序更新不同步	Change_Control_006

7.3.4　审计结论

1. 审计发现

该集团公司未建立专门的管理制度来规范 ERP 系统的程序变更管理；信息技术部未制定书面的 ERP 系统程序变更管理流程；部分程序变更需求文档无主管签字；没有严格的程序变更风险评估流程；没有书面的程序变更文档保管制度；变更程序的文档更新与程序更新不同步。

2. 审计建议

建议该集团公司从程序变更制度管理、变更需求、影响评估、变更实施、变更测试、版本管理共 6 个方面来进一步规范其程序变更管理流程，保障 ERP 系统的正常运行和维护。

思考题

1. IT 服务管理的概念和主要内容是什么？
2. 信息系统变更管理审计一般包括哪些内容？
3. 信息系统问题管理审计的程序是什么？
4. 硬件可用性审计需要重点关注哪些方面？
5. 结合案例，描述如何借鉴国内外的相关准则与规范，识别并描述被审单位的变更管理流程的关键控制点。

第8章 信息系统安全审计

信息系统安全是影响组织生存发展的重大问题。本章首先介绍信息系统安全概念、基本属性和关键要素；然后详细阐述安全管理控制审计、安全技术控制审计两方面的安全控制点的潜在风险、典型安全措施、审计主要关注点和审计程序等；最后通过某医院管理信息系统审计案例对本章内容进行补充阐述，为读者开展相关实务提供操作性指导与经验参考。

8.1 信息系统安全概述

信息资产与人力资源、财务资产和实物资产一样，都是组织的重要商业资产。随着组织对信息系统的依赖性越来越强，信息安全问题也变得日益严峻。据统计，信息安全问题大约 60% 以上是由管理方面原因造成的，信息安全是一个同时涉及安全技术与管理的综合难题。

近年来，信息系统安全的概念经历了不断完善、不断延伸的过程。

（1）计算机安全：虽然计算机早在 20 世纪 40 年代中期就已面世，但 20 多年后才提出计算机在使用中存在计算机安全问题，此时的计算机安全主要是指实体安全及传输加密问题。

（2）计算机系统安全：20 世纪 70 年代末至 80 年代，因各类计算机软硬件系统的发展而提出计算机系统安全。此时不仅指实体（物理）安全，也包括软件与信息内容的安全。

（3）网络安全：在 20 世纪 80 年代后期，尤其是 90 年代因特网的发展，网络成了计算机应用的重要形式。网络安全一词被广泛采用，用以强调整个网络环境的安全，保证网络安全的手段不仅包括网络技术手段，还包括网络安全管理等。

（4）信息保障：其内涵包括安全保护、监控、反应、恢复，即强调计算机系统（包括网络）安全的系统状况、动态管理过程。

我国的《中华人民共和国计算机信息系统安全保护条例》中指出，计算机信息系统安全保护是指：保障计算机及相关配套设施（含网络）安全、运行环境安全、信息安全，计算机功能能正常发挥，以维护计算机信息系统的安全运行。

信息系统安全有 5 个基本属性，分别是可用性、可靠性、完整性、保密性和不可抵赖性。

（1）可用性（Availability）。可用性是指无论何时，只要用户需要，信息系统必须是可用的，也就是说信息系统不能拒绝服务。攻击者通常采用占用资源的手段阻碍授权者的工作，可以使用访问控制机制,阻止非授权用户进入网络,保证网络系统的可用性。增强可用性还包括如何有效地避免因各种灾害(战争、地震等)造成的系统失效。

(2) 可靠性(Reliability)。可靠性是指系统在规定条件下和规定时间内完成规定任务的概率。目前,系统可靠性研究基本上偏重于硬件可靠性方面。研制高可靠性元器件设备,采取合理的冗余备份措施仍是最基本的保障可靠性对策,然而,有许多故障和事故与软件可靠性、人员可靠性和环境可靠性有关。

(3) 完整性(Integrity)。完整性是指信息不被偶然或蓄意地删除、修改、伪造、乱序、重放、插入等破坏的特性,即信息的内容不能被未授权的第三方修改,也就是说信息在存储或传输时不被修改、破坏,不出现信息包的丢失、乱序等。

(4) 保密性(Confidentiality)。保密性是指确保信息不暴露给未授权的实体或进程,即信息的内容不会被未授权的第三方所知。

(5) 不可抵赖性(Non-Repudiation)。不可抵赖性是面向通信双方(人、实体或进程)信息真实同一的安全要求,它包括收、发双方均不可抵赖。一是源发证明,使发送者谎称未发送过这些信息或者否认它的内容的企图不能得逞;二是交付证明,使接收者谎称未接收过这些信息或者否认它的内容的企图不能得逞。

信息系统安全是有关人、计算机网络、物理环境的技术安全和管理安全的总和。其中,人包括各类用户、支持人员,以及技术管理和行政管理人员;计算机网络则指以计算机、网络互联设备、传输介质、信息内容及其操作系统、通信协议和应用程序所构成的完整体系;物理环境则是系统稳定和可靠运行所需要的保障体系,包括建筑物、机房、动力保障等。

8.2　信息系统安全审计的内容

信息系统安全审计是对被审计单位的信息系统安全控制体系进行全面审查与评价,确认其是否健全有效,从而确保信息系统安全运行。其目标在于审查安全控制体系设计的有效性,以及安全控制措施执行的有效性,最终得出审计结论。

充分借鉴国际标准 ISO27001,特别依据我国《信息安全等级保护标准体系》的相关要求,本书将信息系统安全审计分成两大内容域:安全管理控制审计和安全技术控制审计。其中,安全管理控制审计主要内容包括安全机构审计、安全制度审计和人力资源安全审计。安全技术控制审计主要内容包括物理环境安全审计、网络安全审计、操作系统安全审计和数据库安全审计。

信息系统安全审计详细内容如表 8-1 所示。

8.2.1　安全管理控制审计

如表 8-1 所示,安全管理控制审计有三个方面的审计子项:安全机构审计、安全制度审计和人力资源安全审计。

表 8-1　信息系统安全审计内容体系

安全审计两大内容域	审计事项子类	关键控制点
安全管理控制审计	安全机构	安全管理组织机构(领导小组、部门与岗位) 安全职责认知度
	安全制度	信息安全管理制度 信息安全风险评估政策 信息安全事件处理响应
	人力资源安全	安全意识与教育计划 人员(录用、离职、考核)安全管理
安全技术控制审计	物理环境安全	机房环境安全(防火、水、温湿度等) 物理安全(安全位置、物理访问)
	网络安全	网络结构 网络访问(各设备的账户口令授权) 网络数据传输安全 网络入侵与病毒防范安全 网络安全日志
	操作系统安全	用户标识与鉴别(账户、口令) 操作系统授权认证(存取控制) 操作系统日志 操作系统服务安全(补丁、防病毒、文件共享等)
	数据库安全	用户标识与鉴别(账户、口令) 数据库授权认证(存取控制) 数据库日志 数据库服务安全(补丁、监听器访问、超时退出等)

1．安全机构审计

信息安全管理机构是开展信息安全工作的组织保障。国际规范 ISO27001 及我国的信息安全等级保护管理办法和相关标准都对信息安全管理机构提出了明确要求。

常见的信息安全管理机构包括：信息安全领导小组，如信息安全工作小组、信息安全应急小组；信息安全部门或岗位，如信息安全部、信息安全委员会、CIO、安全管理员、系统管理员、网络管理员等。

安全机构审计的主要关注点如下：

是否成立指导和管理信息安全工作的委员会或领导小组，其最高领导由单位主管领导委任或授权；是否制定文件明确安全管理机构各个部门和岗位的职责、分工和技能要求；是否设立信息安全管理工作的职能部门，设立安全主管、安全管理各个方面的负责人岗位，并定义各负责人的职责；是否设立系统管理员、网络管理员、安全管理员等岗位，并定义各个工作岗位的职责。

安全机构审计的步骤如下：

(1) 查阅被审计单位信息安全工作领导小组的成立文件。审查是否有正式信息安全工作领导小组，是否由管理层正式委派，各责任主体的安全职责是否清晰明确。

(2) 查阅被审计单位各层级信息安全管理工作职能部门和岗位职责文件。审查安全部门和岗位职责范围是否清晰明确；是否明确配备专职的安全管理员；审查关键岗位是否配有备份角色。

（3）查阅被审计单位信息安全工作的执行记录文件。审查是否有日常安全管理工作执行情况的工作记录；是否切实开展了职责范围内的工作。

（4）访谈某些内部员工以及外包 IT 人员，检查其对岗位信息安全职责认识。

2．安全制度审计

组织的信息安全制度是一个由信息安全方针、信息安全管理制度、信息系统管理操作规程共同构成的制度体系。

安全制度审计主要有 3 个方面的内容：安全管理制度体系审计、安全风险评估政策审计和安全事件管理制度审计。这 3 个方面具体的审计关注点如下：

（1）安全管理制度。是否制定信息安全工作的总体方针，说明机构安全工作的总体目标、范围、原则和安全框架等；信息安全方针是否由管理层批准，并发布传达给内部员工和外包人员；是否建立网络层、系统层和应用层各级管理制度，对防火墙、数据库、服务器、病毒防范、密码安全配置、日志记录、升级补丁等做出规范；是否建立终端计算机、工作站、便携机、系统和网络等设备的操作规程，实现规范化操作。

（2）安全风险管理政策。是否制定切实可行的风险评估计划和方案；是否建立信息资产清单与分类；是否周期性对信息资产进行风险评估，相关记录文件是否存档；是否根据风险评估结果及时整改。

（3）安全事件管理制度。是否制定安全事件管理制度，明确安全事件类型，规定安全事件的现场处理、事件报告和后期恢复的管理职责；是否制定安全事件报告和响应处理程序，确定事件的报告流程、响应和处置的范围和程度，以及处理方法等；是否在安全事件报告和响应处理过程中，分析和鉴定事件产生的原因，收集证据，记录处理过程，总结经验教训，制定防止再次发生的补救措施，并妥善保存该过程中形成的所有文件和记录。

安全制度审计的步骤如下：

（1）审查安全策略、标准、规程和指南的使用，并确认有关文档是否已发放给相关员工。

（2）检查被审计单位的实体安全、软件安全、数据安全、通信网络安全、系统入侵检测和病毒防范管理制度，确认其是否健全。

（3）查阅信息资产清单文件与风险评估记录，审查安全风险管理执行的有效性。

（4）审查安全应急小组职责文件和事件响应流程，评价安全事件处理与响应措施的有效性。

3．人力资源安全审计

组织内部员工、外包人员或客户故意或无意的设备窃取和信息欺诈是影响信息系统安全的最大威胁。人力资源的安全意识与相关控制措施，对于组织的信息系统安全是重要意义。

人力资源安全审计主要有两个方面的内容：安全意识教育培训计划审计和人员安全管理政策审计。这两个方面具体的审计关注点如下：

（1）人员安全意识教育培训计划。

是否对各类人员进行安全意识教育、岗位技能培训和相关安全技术培训；是否对安全责任和惩戒措施进行书面规定并告知相关人员，并对违反违背安全策略和规定的人员进行惩戒；是否定期对安全教育和培训进行书面规定，针对不同岗位制定不同培训计划，并就信息安全基础知识、岗位操作规程等内容进行培训；是否对安全教育和培训的情况和结果进行记录并归档保存。

（2）人员安全管理政策。

① 人员录用。是否指定或授权专门的部门或人员负责人员录用；是否严格规范人员录用过程，对被录用人员的身份、背景、专业资格和资质等进行审查，并对其所具有的技术技能进行考核；是否与新录用人员签署保密协议；是否从内部人员中选拔从事关键岗位的人员，并签署岗位安全协议。

② 人员使用。对于因工作需要，接触被审计单位商业秘密或国家秘密的人员，是否进行恰当的警示教育；组织中的人员授权使用信息系统或权限变更是否履行审批手续；是否建立合理的薪酬体系，确保人员稳定；对于违反信息安全规章制度的人员，是否给予必要的处理。

③ 人员离岗。是否制定有关管理规定严格规定人员离岗过程，及时终止离岗员工的所有访问权限，并取回各种身份证件、钥匙、徽章等以及机构提供的软硬件设备；是否办理严格的调离手续，并承诺调离后的保密义务后方可离职。

④ 人员考核。是否定期对各岗位人员进行安全技能及安全认知的考核；是否建立保密制度；是否定期或不定期地对保密制度执行情况进行检查或考核，并对考核结果进行记录并保存。

人力资源安全审计的步骤如下：

（1）查阅岗位安全协议。审查岗位安全责任、违约责任、协议的有效期限和责任人签字等内容的完整性。

（2）访谈人力资源部门，了解在人员录用时有哪些条件要求；了解对被录用人的身份、背景、专业资格和资质的审查情况，必要时应抽查背景调查证明材料；了解对技术人员的技能考核情况；了解与被录用人员保密协议签署情况。

（3）查阅人员录用时的技能考核文档或记录，审查考核内容和考核结果等方面内容记录的完整性。

（4）访谈人力资源部门，询问被审计单位制定了哪些措施来保证信息安全岗位人员稳定，必要时应查看相应制度文档。

（5）查阅被审计单位信息安全的奖惩规定，特别是对违反信息安全规定的惩戒措施；审查信息安全奖惩规定文件的健全性，并注意结合违规惩戒记录抽查结果，判断奖惩措施的执行情况。

（6）访谈人力资源部门，了解对即将离岗人员的安全控制措施。例如，是否及时终止离岗人员的所有访问权限，取回各种证件及软硬件设备等；调离手续包括哪些，是否要求关键岗位人员调离须承诺相关保密义务后方可离职，并注意抽查调离人员在承诺保密方面的签字情况。

（7）查阅人员离岗的管理文档，审查是否规定了人员调离手续和离岗要求等；是否具有对离岗人员的安全处理记录，如交还身份证件、设备等的登记记录；是否具有按照离职程序办理调离手续的记录。

（8）查阅审查和考核文档和记录，审查是否有人负责定期对各个岗位人员进行安全技能及安全知识的考核；是否有对关键岗位人员特殊的安全考核内容；查看记录日期与考核周期是否一致。

8.2.2 安全技术控制审计

安全技术控制审计有 4 个方面的审计事项子类：物理环境安全审计、网络安全审计、操作系统安全审计和数据库安全审计。

1. 物理环境安全审计

物理访问的暴露风险来自自然环境或人为灾害导致的非授权访问或不可用风险，有可能引起组织的财务损失，导致法律诉讼。

环境风险可能来源自然灾害，如闪电、地震、暴雨、洪水等，还可能来自电力故障、设置故障、温湿度、静电等，尤以电力故障、水害水灾的影响最大。

常见的物理环境安全控制措施有很多，比如门锁、电子门锁、生物特征锁、身份识别卡、水灾探测器、灭火器、不间断电源(UPS)和备份电力系统等。

物理环境安全审计的主要关注点如下：

是否指定部门负责机房安全，并配备机房安全管理人员对机房的出入、服务器的开关机等工作进行管理；是否建立机房安全管理制度，对机房物理访问、物品带进带出机房和机房环境安全等方面的管理做出规定；是否对机房和办公环境实行统一的安全管理策略，对出入人员进行相应级别的授权，并对进入重要安全区域的活动行为实时监视和记录；是否指定专门的部门或人员定期对机房供配电、空调、温湿度控制等设施进行维护管理；检查分析机房设计及基础设置配置是否符合相关标准，并能满足实际业务需求。

物理环境安全审计的步骤如下：

（1）查看监视器和警报系统是否正常；

（2）观察机房的进出控制，查看出入登记日志，评价机房进出控制是否真实有效；

（3）评价机房划分区域的物理隔离装置，确认其符合组织安全要求，确认重要区域电子门禁措施的有效性；

（4）实地观察被审计单位的实体安全环境，确认其是否符合有关标准；

（5）实地观察计算机房中水及烟雾探测器的装置，检查其电力供应是否充足，观察这些装置的位置是否有明显的标识；

（6）查看灭火器的位置是否适当、显而易见，并在近期进行过检验；

（7）检查机房防火墙、地板和天花板的耐火能力；

（8）检查备份电力系统的配置和使用，检查不间断电源的配置情况及测试报告；

（9）观察电线、防火、防水、防潮、防静电和温湿度控制措施。

2. 网络安全审计

计算机网络通俗地讲就是由多台计算机（或其他计算机网络设备）通过传输介质和软件物理（或逻辑）连接在一起组成的。总的来说，计算机网络基本上包括计算机、网络操作系统、传输介质（可以是有形的，也可以是无形的，如无线网络的传输介质就是看不见的电磁波)以及相应的应用软件 4 个部分。

ISO 指出计算机网络安全是："保护计算机网络系统中的硬件、软件和数据资源,不因偶然或恶意的原因遭到破坏、更改、泄露,使网络系统连续可靠性地正常运行,网络服务正常有序。"

计算机网络风险可能源于人为因素、自然因素或偶发因素。人为因素是对计算机信息网络安全威胁最大的因素,比如一些不法之徒利用计算机网络存在的漏洞,非法获取重要数据,篡改系统数据,破坏硬件设备,编制计算机病毒,或者潜入计算机房,盗用计算机系统资源等。

常见的计算机网络安全控制技术有实时扫描技术、实时监测技术、防火墙安全体系、入侵检测系统、病毒防范系统等。

网络安全审计的主要关注点如下:

是否指定专人对网络进行管理,负责运行日志、网络监控记录的日常维护和报警信息分析和处理工作;是否定期对网络设备进行更新,并在更新前对现有的重要文件进行备份;是否定期对网络系统进行漏洞扫描,对发现的网络系统安全漏洞进行及时修补;是否保证所有与外部系统的连接均得到授权和批准。

网络安全审计的步骤如下:

(1) 查阅网络架构图,评价其结构合理性,以及满足组织对重要网段技术隔离的要求;

(2) 审查关键网络设备的升级版本及升级前原重要文件的备份,评价网络设置的升级更新措施;

(3) 审查防火墙配置,评价是否能满足安全需要(如过滤功能路由器、双穴主机、屏蔽子网、非军事化区、代理服务器的配置安全性);

(4) 审查网络边界是否部署访问控制设备、重要网段的防地址欺骗措施、网络最大流量连接数限制、非活跃会话或结束的网络退出设置、超级用户的远程访问设置等方面来评价网络访问机制的有效性;

(5) 审查所使用的加密机制和网络安全认证机制;

(6) 查阅入侵访问报告,确认网络边界处能否监视端口扫描、强力攻击、木马后门攻击、拒绝服务攻击、缓冲区溢出攻击、网络蠕虫攻击等攻击行为,评价系统入侵防范控制是否有效;

(7) 审查是否安装有防病毒软件,查看计算机病毒检测和清除的记录;

(8) 审查组织是否进行阶段性的渗透测试;

(9) 审查所有关键系统是否启动了日志记录功能(防火墙、网关、路由器等),能对设备运行状况、网络流量、用户行为等进行日志记录,并有专人承担日志维护、报警信息分析的职责。

3. 操作系统安全审计

操作系统(Operating System,OS)是管理计算机硬件与软件资源的程序,同时也是计算机系统的内核与基石。操作系统是一个庞大的管理控制程序,一般包括 5 个方面的管理功能:进程与处理机管理、作业管理、存储管理、设备管理、文件管理。

常见的操作系统类型有 Windows、UNIX、Linux、Mac OS X、AIX Solaris、HPUX 和

AIX 等。

操作系统安全审计的主要关注点如下：

是否建立确认登录操作系统的用户真实身份的认证授权机制，认证功能的具体实现方式包括静态口令、动态口令、指纹等生物鉴别技术等，授权功能赋予系统账号的操作权限，并限制用户进行超越其账号权限的操作；是否建立安全日志定期备份与分析机制；是否建立操作系统的 IP 协议安全配置规范；是否建立操作系统服务（如补丁升级、文件系统管理、病毒防范等）安全配置规范。

操作系统安全审计的步骤如下：

(1) 审查操作系统账户配置。确认是否按照用户级别不同分配账号，是否删除或锁定无用账户，是否使用管理员的默认账户（administrator），是否已禁用来宾账户（guest）。

(2) 审查操作系统的口令管理政策，包括口令复杂性、生存周期、失败登录次数锁定等。

(3) 审查操作系统授权认证机制。确认是否针对不同用户和用户组分别授予读、写、删除、执行权限。

(4) 审查操作系统日志配置，包括对用户登录进行记录，记录内容包括用户登录使用的账号、登录成功与否、登录时间，以及远程登录时用户使用的 IP 地址。

(5) 审查操作系统的 IT 协议安全配置。例如，通过 IP 协议进行远程维护的设备应支持对允许登录到该设备的 IP 地址范围进行设定。

(6) 审查操作系统其他安全配置，如补丁升级、共享文件系统、病毒防范、屏幕保护、启动项和最小操作系统服务等。

4. 数据库安全审计

数据库系统（Database System）是由数据库及其管理软件组成的系统。目前典型数据库系统有 Oracle、DB2、SQL Server、Sybase、MySQL、Access 等。

数据库系统一般由如下 4 个部分组成：

(1) 数据库（Database）。数据库是存储在磁带、磁盘、光盘或其他介质上，按一定结构组织在一起的相关数据的集合。

(2) 数据库管理系统（DBMS）。数据库管理系统是一组能完成描述、管理、维护数据库的程序系统。它按照一种公用的和可控制的方法完成插入新数据，修改和检索原有数据的操作。

(3) 数据库管理员（DBA）。

(4) 数据库用户（User）及相关应用程序。

根据国家标准《信息安全技术 数据库管理系统安全技术要求》的定义，数据库安全就是保证数据库信息的保密性、完整性、一致性和可用性。

(1) 保密性指保护数据库中的数据不被泄露和未授权的获取。

(2) 完整性指保护数据库中的数据不被破坏和删除。

(3) 一致性指确保数据库中数据满足实体完整性、参照完整性和用户定义完整性要求。

(4) 可用性指确保数据库的数据不因人为因素和自然因素对授权用户不可用。

管理信息系统中的数据库安全控制技术有很多，比如身份标识与鉴别、存取访问控制、跟踪监视、数据加密等，如图 8-1 所示。

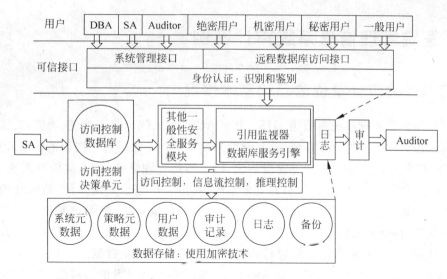

图 8-1　数据库安全技术体系①

图 8-1 中的数据库安全技术不是相互独立的,而是彼此依赖、相互支持的。比如,存取访问控制的正确性依赖于安全的识别和鉴别机制,安全的识别和鉴别机制也是跟踪审计的基础,而为了具有安全的识别和鉴别机制,有必要采用加密技术等。

数据库安全审计的主要关注点如下:

是否建立数据库的认证授权机制,数据库是否配置日志功能,是否建立数据库的 IP 协议安全配置规范,是否建立数据库服务(如补丁、备份、超时退出、监听器等)安全配置规范。

数据库安全审计的步骤如下:

(1)审查数据库账户设置。确认是否具有对数据库账号的管理功能,包括删除或修改用户名和密码的功能;是否具有对默认账号的密码进行修改或锁定无用的默认账号的功能。

(2)审查数据库口令管理。核查数据库管理员账户口令更改、口令复杂性、生存周期、失败登录次数锁定等安全配置。

(3)审查数据库授权机制。确认是否具备通过角色来对用户进行授权的功能;是否具备除数据库管理账号外,其他账号不能被授予访问系统表和视图权限的功能。

(4)审查数据库安全日志配置。确认是否具有对数据字典和数据库系统配置进行修改的日志记录功能;是否具有对数据库进行启动、关闭、在线备份、归档、性能统计收集的操作进行日志记录的功能;是否具有对授权和取消授权进行审计进行日志记录的功能;是否具有对日志记录进行更新和删除的操作进行日志记录的功能。

(5)审查数据库其他服务安全配置。确认是否具备通过补丁升级消除软件安全漏洞的能力;是否具备对数据文件进行备份以及恢复的功能;是否只安装必需组件和按软件的最小需求安装;是否具有设置数据库会话空置超时退出的功能,是否只有管理员账号能够禁用该功能。

---

①　朱良根等.数据库安全技术研究[J],计算机应用研究,2004.9。

8.3 医院管理信息系统审计案例

8.3.1 被审计单位信息化基本情况

某市医院信息管理系统是覆盖 HIS、LIS、PACS、UIS、OA、经济管理、物资、人事财务信息管理等的综合性计算机网络系统,信息化管理广泛应用于医院每个层面的各项日常工作。其中,HIS 系统主要包括门诊收费管理系统,门诊药房管理系统,出入院管理系统,住院护士、住院医生、住院药房管理系统,材料管理系统,固定资产综合处理系统,药库管理系统和医技管理系统等模块。PACS 系统即医学影像存档与传输系统,该系统实现了全院所有影像设备的交互、存储和通信。LIS 系统即医院检验信息管理系统,LIS 系统是 HIS 系统的一个重要组成部分,其主要功能是将检验的实验仪器传出的检验数据经分析后,生成检验报告,通过网络存储在数据库中,使医生能够方便、及时地看到患者的检验结果。UIS 系统即特检科信息管理系统,特检科各类设备检查的病人的基本数据、图像文件、诊断资料将由特检科信息管理系统统一管理。

8.3.2 审计目标

该审计项目的目标是对医院信息系统安全性、可靠性和有效性进行审查和评价,重点关注被审单位的 HIS 系统是否有完善的安全管理制度与技术防范措施,重点关注 HIS 系统中门诊收费、住院收费、药品管理等模块是否存在漏洞或缺陷。

8.3.3 审计过程

1. 理解相关安全标准和行业法规

针对该审计项目,相关安全标准和行业法规如下:

(1)《信息安全技术 信息系统安全等级保护基本要求》(GB/T 22239—2008)。

(2)《信息安全技术 信息系统安全管理要求》(GB/T 20269—2006)。

(3)《信息安全技术 网络基础安全技术要求》(GB/T 20270—2006)。

(4)《信息安全技术 路由器安全技术要求》(GBT 18018—2007)。

(5)《信息安全技术 操作系统安全技术要求》(GB/T 20272—2006)。

(6)《信息安全技术 数据库管理系统安全技术要求》(GB/T 20273—2006)。

(7)《信息安全技术 信息系统物理安全技术要求》(GB/T 21052—2007)。

(8)《信息安全技术 防火墙安全技术要求》(GA/T 683—2007)。

(9)《信息安全技术 网络交换机安全技术要求》(GB/T 21050—2007)。

(10)《信息安全技术 虚拟专网安全技术要求》(GA/T 686—2007)。

(11)《××省医疗服务项目规范》。

(12)《××省物价部门医疗服务项目收费标准》。

(13)《卫生部药品管理法》。

（14）《卫生部处方管理法》。

2．明确关键控制点

该审计项目旨在审查该市医院管理信息系统的安全性和业务处理的合规性和正确性。通过理解医疗管理信息系统业务流程，以及相关安全标准和行业法规，明确了该审计项目应重点关注的审计事项如表8-2所示。

表 8-2　该审计项目的主要审计事项列表

	审计事项子类	审计事项名称
一般控制	安全审计	物理环境控制审计
		操作系统安全审计
		数据库安全审计
应用控制	处理控制	系统业务处理流程
		业务数据处理逻辑正确性控制

3．选用恰当审计技术方法

该审计项目实施主要使用了如下审计技术方法：

（1）访谈法：与计算机管理员及相关业务人员进行交谈或发放信息系统调查表，查阅系统管理相关电子文档和文件资料，以了解系统管理总体情况。

（2）问卷调查法：设计问卷调查表，交由被审计单位填写，以充分详细了解信息系统相关情况。

（3）实地考察法：对住房公积金信息系统基本信息、软硬件设施和运行环境、业务流程及其对信息化的依赖程度、操作人员的操作过程进行观察，掌握和发现系统操作过程中存在的问题。

（4）资料查阅法：收集所有与信息系统相关的文档及程序进行查阅和核查。

（5）测试用例法：审计人员通过编写相应的用户测试用例，对门诊收费、住院收费等模块的输入、处理、输出控制进行实质性测试，测试信息系统处理数据的正确性和真实性。

（6）平行模拟法：审计人员对信息系统的后台数据编写 SQL 语句，模拟系统的业务处理逻辑进行分析处理，将计算的结果与实际结果比较，提取疑点，进行延伸，发现系统处理逻辑方面的问题以及利用系统进行违法违规业务操作的问题。

（7）计算机辅助工具检测法：利用专门的安全检测软件对操作系统、数据库、系统平台进行安全扫描，做模拟攻击和入侵测试，检测是否存在漏洞。

4．控制点测试设计与实施

如前所述，该案例有 4 个关键控制点，下面详细描述各控制点的测试思路及结果。

1）物理环境安全审计

物理环境安全审计主要关注机房物理访问管理制度和技术措施的有效性，以及防火、防潮、温湿度控制情况等。

物理环境安全审计的步骤如下：

（1）首先根据国家标准《电子计算机机房设计规范》（GB 50174—1993），建立物理环境安全控制矩阵，如表 8-3 所示。

表 8-3　物理环境安全控制矩阵

物理访问	通过门禁系统实现物理访问控制时，各部门需经常进入机房的人员，都需要通过门禁卡申请表或机房准入申请表申请，由相关部门主管签字审批
	对未有门禁系统的机房要求所有人员出入时，必须在登记表上登记
防盗窃和防破坏	应将通信线缆铺设在隐蔽处，可铺设在地下或管道中
防火	机房应设置灭火设备，且近期检查过
	应设置火灾自动报警系统
防水和防潮	应采取措施防止雨水通过机房窗户、屋顶和墙壁渗透
温湿度控制	机房应设置温湿度自动调节设施，使机房温湿度的变化在设备运行所允许的范围之内
电力供应	应提供短期的备用电力供应，至少满足关键设备在断电情况下的正常运行

（2）根据表 8-2 所示的控制点，现场考察机房环境，审查灭火设备的检修记录、UPS 等设备的载荷等，查阅相关门禁卡授权发放清单和机房出入记录等。记录物理环境测试结果。

（3）提出该事项的审计结论：UPS 过保修期，现场审计期间出现断电状况而 UPS 不能马上供电，对医院业务造成一定影响；灭火设备无检修记录；机房出入记录不完整。

2）操作系统安全审计

操作系统安全审计的目标是：审查 HIS 系统服务器操作系统（Windows）的账号口令管理、授权认证机制、系统日志、升级更新、病毒防范等方面是否存在安全隐患。

操作系统安全审计的步骤如下：

（1）依据《信息安全技术　操作系统安全技术要求》（GB/T 20272—2006），编制 Windows 操作系统安全控制矩阵，如表 8-4 所示。

表 8-4　Windows 操作系统安全控制矩阵

账号	按照用户分配账号，根据系统的要求，设定不同的账户和账户组，如管理员用户、数据库用户、来宾用户等
口令	最短密码长度 6 个字符，启用本机组策略中密码必须符合复杂性要求的策略
	对于采用静态口令认证技术的设备，账户口令的生存期不长于 90 天
	对于采用静态口令认证技术的设备，应配置当用户连续认证失败次数超过 6 次（不含 6 次），锁定该用户使用的账号
授权	在本地安全设置中，从远端系统强制关机的功能只指派给 Administrators 组
日志配置操作	设备应配置日志功能，对用户登录进行记录，记录内容包括用户登录使用的账号、登录成功与否、登录时间，以及远程登录时用户使用的 IP 地址
操作系统服务安全	对于远程登录的账号，设置不活动自动断开连接的时间 15 分钟
	查看每个共享文件夹的共享权限，只允许授权的账户拥有权限共享此文件夹
	应安装最新的 Service Pack 补丁集，对服务器系统应先进行兼容性测试
	安装防病毒软件，并及时更新

（2）根据表 8-4 中的内容，针对各控制点完成 Windows 操作系统安全测试，下面列举了 5 个控制点的测试步骤。

① 在 Windows 操作系统中，依次双击"控制面板"→"管理工具"→"计算机管理"图标，

在"计算机管理"对话框中,依次单击"系统工具"→"本地用户和组"选项,检测操作系统的账号、口令、授权、日志配置等是否按安全标准进行设置。

② 在 Windows 操作系统中,依次双击"控制面板"→"管理工具"→"本地安全策略"图标,在"本地安全设置"对话框中,依次单击"账户策略"→"密码策略"选项,查看"密码必须符合复杂性要求"选项是否启动,密码最长使用期限是否为 30~90 天,查看账户锁定策略中账户锁定阈值是否为小于等于 6 次。

③ 在 Windows 操作系统中,依次双击"控制面板"→"管理工具"→"本地安全策略"图标,在"本地安全设置"对话框中,依次单击"本地策略"→"用户权利指派"选项,查看是否"取得文件或其他对象的所有权"设置为"只指派给 Administrators 组",查看是否"关闭系统"设置为"只指派给 Administrators 组",查看是否"从本地登录此计算机"设置为"指定授权用户",查看是否"从网络访问此计算机"设置为"指定授权用户"。

④ 在 Windows 操作系统中,依次双击"控制面板"→"管理工具"→"计算机管理"图标,在"计算机管理"对话框中,依次单击"系统工具"→"共享文件夹"选项,查看每个共享文件夹的共享权限仅限于业务需要,不设置成为 everyone。

⑤ 在 Windows 操作系统中,依次双击"控制面板"→"添加/删除程序"图标,查看是否安装有防病毒软件,如果有,打开防病毒软件设置对话框,查看病毒码更新日期。

(3) 准备端口扫描软件 Superscan 4 和 DNS 溢出工具,配置地址连接医院局域网,并指定 IP 网段进行扫描,查找该网段中开机状态的计算机名称、IP 地址以及端口开放情况,并记录安全扫描结果。

(4) 根据手工测试和工具扫描的结果,提出该事项的审计结论:

① 口令安全策略密码最长使用期限是否为 30~90 天。查看账户锁定策略中账户锁定阈值是否为小于等于 6 次,结论为未到达相应标准。授权、日志、其他设备中也有部分策略未被启用,建议设置策略到标准。

② 通过扫描发现 udp123、udp137 端口开放,而且可通过 53 端口发生溢出入侵,存在较大安全隐患。建议关闭不用的端口,及时安装 Windows 补丁程序。

3) 数据库安全审计

数据库安全审计的目标是:审查数据用户标识与鉴别(账户、口令)、数据库授权认证(存取控制)、数据库日志配置、数据库服务安全(补丁、监听器访问、超时退出)等方面有无安全隐患与漏洞。

数据库安全审计的步骤如下:

(1) 根据《信息安全技术 数据库管理系统安全技术要求》(GB/T 20273—2006),建立数据库安全控制矩阵,如表 8-5 所示。

表 8-5 Oracle 数据库安全控制矩阵

账号	限制具备数据库超级管理员(SYSDBA)权限的用户远程登录
	在数据库权限配置能力内,根据用户的业务需要配置其所需的最小权限
	使用数据库角色(ROLE)来管理对象的权限
	启用数据字典保护,只有 SYSDBA 用户才能访问数据字典基础表

续表

口令	对于采用静态口令进行认证的数据库,口令长度至少6位,并包括数字、小写字母、大写字母和特殊符号4类中至少2类
	对于采用静态口令认证技术的数据库,账户口令的生存期不长于90天
	更改数据库默认账号的密码
数据库服务安全	为数据库监听器(LISTENER)的关闭和启动设置密码
	设置只有信任的IP地址才能通过数据库监听器访问数据

(2) 根据测试结果,提出该事项的审计结论:

① Oracle 默认账号密码未修改;

② 没有为数据库监听器的关闭和启动设置密码,未限制只有信任的 IP 地址才可通过数据库监听器访问数据库;

③ 程序允许未经授权的用户远程登录并进行其他操作,存在严重的安全隐患;

④ 超级用户远程登录未受限制。

4) 处理控制审计

医院 HIS 系统处理控制审计目标是:审查医疗服务项目的规范性,审计医疗服务项目价格的合规性。

医院 HIS 系统处理控制审计的步骤如下:

(1) 根据《××省医疗服务项目价格标准》、《卫生部药品管理法》、《卫生部处方管理法》等建立医院 HIS 系统应用控制矩阵,如表 8-6 所示。

表 8-6　医院 HIS 系统应用控制矩阵

控制大类	所属系统	控制点名称
HIS 系统处理控制	药品管理	药品加价不符合规定
		药品调价不及时
	医生工作站	处方超过 7 日量,急诊处方超过 3 日量
		超剂量开药(三天内同一病人使用多张处方开同一种药品,同一处方的药品销售数量超出常规)
	门诊挂号收费	自立医疗项目收费
		体检费收取挂号费
		门诊注射、换药、针灸、理疗、推拿、气功、血透、放射治疗疗程中不再收取挂号费
		螺旋 CT 增强扫描(≥3 个部位),最高收 270 元
		彩超常规检查(≥2 个部位),最高收 120 元
	住院收费	层流洁净病房、中心监护病房、特殊防护病房、急诊观察床床位费重复收取空调费
		当日住院当日出院的病人,应按一天计收床位费
		各类床位费同日加收
		同时收取手术费中和术前备皮费
⋮	⋮	⋮

(2) 使用数据验证法和测试数据法,对表 8-6 中各控制点进行测试,并记录测试结果。

(3) 提出该事项的审计结论:存在自立项目收费情况和项目超标准收费等。

8.3.4　审计结论

通过审计,发现医院机房设施配置基本齐备,HIS 系统总体运营情况良好,功能基本满足业务需求,但还存在以下问题:

(1) 安全控制方面:机房缺少必要的监控、报警设施,部分服务器采用弱口令,数据库默认用户密码未修改,UPS 和灭火器设备需要更新和加强检修管理。

(2) 应用控制方面:处理控制存在薄弱环节,影响系统数据处理的正确性,建议完善系统相关功能模块。

思考题

1. 信息系统安全的概念和基本属性是什么?
2. 信息系统安全审计的主要包括哪些内容?
3. 结合案例,描述网络安全审计、操作系统系统安全、数据库安全审计的主要控制点和步骤与内容。

第 9 章

信息系统业务持续性审计

在业务持续性增长的 IT 环境中,信息系统的可持续服务对于确保组织提供可靠的服务能力和优质的服务水平具有重要意义。本章首先阐述信息系统业务持续性计划和灾难恢复计划的基本概念与知识,然后详细描述对业务持续性审计的关键工作任务和审计步骤等。

9.1 业务持续性计划概述

9.1.1 业务持续性计划

业务持续性计划(Business Continuity Planning,BCP):是组织为了避免关键业务功能中断,减少业务风险而建立的一个控制流程,它包括对支持组织关键业务功能的人力、物力需求和关键业务功能所需的最小级别服务水平的持续性保证。

组织面临的风险有很多种,但在现有的控制手段和环境下,在资源和成本的约束下,组织不可能避免所有形式的公司风险和潜在损害,因此,需要建立一种能够识别和管理那些可能对组织造成损害的风险的控制体系。

组织所面临的风险是:

(1) 不能维护关键的客户服务。

(2) 市场份额、形象、声誉和品牌的损害。

(3) 无法保护公司资产,包括知识产权和人员。

(4) 业务控制失败。

(5) 无法满足法律法规的要求。

业务持续性计划是一种策略规划,当灾难发生时,致使企业主要业务或服务中断时,业务持续性计划可确保迅速恢复主要业务的正常与持续运作。业务持续性计划不仅包含计算机系统的恢复计划,还包括关键业务的持续运作计划,如恢复组织、人力资源、对外沟通等。

业务持续计划是为了防止正常业务行为的中断而被建立的计划,当面对由于自然或人为造成的故障或灾难以及由此造成的财产损失和正常业务不能正常使用时,业务持续性计划主要被设计用来保护关键业务步骤。业务持续性计划是使对于业务功能的干扰程度最小化和使业务功能能恢复正常运行的计划。

业务持续性计划的目标是:使业务中断事件对组织造成的影响最小化,减小财产损失风险,增强组织对于意外事件造成的业务中断的恢复能力。

业务持续性计划的作用是:将组织由于意外事件造成的损失成本最小化和减轻相关的风险。

1. 业务持续性计划的组成

根据组织规模和需求的不同,业务持续性计划一般包括以下计划:持续运营计划、灾难恢复计划、业务恢复计划、危机沟通计划、事件响应计划、运输计划和场所紧急计划等。

业务持续性计划的制定要根据业务影响分析(Business Impact Assessment,BIA)阶段收集的信息来建立恢复发展战略计划以达到支持关键业务功能的目的。为了定义业务持续性计划战略,从业务影响分析阶段收集的信息用来为企业建立持续战略,许多企业资源必须被包含在持续战略内。

(1) 计算资源:战略要保护的硬件、软件、通信线路、应用和数据。

(2) 设备资源:战略需要所强调的建筑物、计算机和远程的设备。

(3) 人力资源:操作员、管理人员、技术支持人员将在持续战略中定义不同的角色。

(4) 补给和装备:文件、表格和指定的安全设备等。

2. 业务持续性计划的主要内容

业务持续性计划的主要内容应当包括:

(1) 通讯录。通讯录或称为"呼叫树",是一个和恢复工作相关的人员列表,这些人员包括关键决策者、信息系统人员和终端用户。

目录应当包含以下信息:

① 联系名单按优先级排列;

② 关键人员的主要的和应急备用的电话号码和地址;

③ 设备和软件供应商代表的电话和地址;

④ 组织内提供设备、物品和服务的人员的联系电话;

⑤ 恢复站点联系人的电话号码;

⑥ 异地存储设施联系人的电话;

⑦ 保险代理机构的电话号码;

⑧ 法律法规部门、相关政府机关的联系电话。

(2) 日常用品的备份。在重建正常业务活动的恢复过程中所需的各种日常用品应当保证供应。

(3) 通信网络的灾难恢复方法。通信网络像数据中心的其他设施一样易受自然灾害的影响,特别是有一些灾难事件对通信网络有较大影响。例如,中心交换设备间发生灾难,通信电缆被切断,通信软件出现故障和错误等。为了维护关键业务流程,信息处理设施的业务持续性计划应当提供足够的通信能力。对通信网络进行保护的方法有冗余、替换式通信线路、分集式通信线路、分集式长途网络连接、最后一公里的电路保护、语音恢复。

9.1.2　制定业务持续性计划

制定业务持续性计划一般包含如下关键活动:业务持续性方针和政策创建、业务影响分析、运行分类和重要性分析、关键流程识别、业务持续性计划和灾难恢复计划开发、重建程序开发、培训和意识教育、计划演练实施和业务持续性计划监测等。

1. 创建业务持续方针和政策

创建业务持续方针和政策将可为业务持续性计划执行人员提供工作指导,因此业务持续性计划方针和政策应该具有前瞻性,包括预防性的、检测性的和纠正性的各种控制,但主要还是组织中最重要的纠正性控制措施依赖于其他控制过程的有效执行,特别是事件管理过程和数据备份过程。

事件管理是根据对业务的危害程度的估计,对各种事件进行分类,一般可以分为以下几种:可忽略事件、微小事件、重大事件、危机事件,在事件被解决之前,任何分类都是暂时的,事件或危机是动态多变,会随着时间、环境的变化而变化。判断一个事件的严重性的主要标准是看服务中断事件的长短,服务中断事件越长,事件变得越严重。随着事件的演变,应当由相关负责人或事件响应团队经常性地对事件的严重性进行重新评估。

2. 业务影响分析

业务影响分析是分析业务功能及其相关信息系统资源、评估特定灾难对各种业务功能的影响的过程。目的是建立用来帮助理解对业务持续运行有影响的各种意外事件。影响可能是资金方面的或操作方面的,漏洞分析也常常是业务影响分析的一部分。

业务影响分析的主要内容包括:

(1) 危险程度分类:每一个关键的业务运行单元都需要被标记和赋予一个优先权,并且对会造成影响的事件作一个评价。

(2) 停工期评估:业务影响分析用来评价组织业务运行所能容纳并且维持组织可生存的最大停工时间(Maximum Tolerable Time,MTD)。最大停工时间是在企业所有业务没有恢复的情况下,企业关键业务所能停顿的最长时间。

(3) 业务需求分析:关键业务所需要的资源,在业务影响分析阶段也必须被标示,对于时间敏感的关键业务,需要分配更多的资源。

业务影响分析的 4 个主要步骤如下:

(1) 收集相关的分析资料,可以通过问卷调查,走访关键用户,与 IT 人员和终端用户集体讨论等方法收集相关资料。

(2) 执行漏洞分析。

(3) 汇总、分析信息。

(4) 将总结写成文档,并提出建议。

3. 运行分类和重要性分析

运行分类和重要性分析是对应用的重要性进行分类,分类的尺度和系统风险的大小有关,系统的风险级别取决于重要业务发生中断的可能性及关键恢复时间周期对业务运行的影响。通过风险分析,就可以在业务持续性计划制定阶段对关键业务系统的重要性进行排序。

4．确定恢复策略和各种可用的替代方案

基于业务影响分析和重要性分析，为业务中断或灾难制定恢复策略和各种可用的替代方案，有两种测量指标有助于恢复策略的确定，分别是恢复点目标（Recovery Point Objective，RPO）和恢复时间目标（Recovery Time Objective，RTO）。

恢复点目标要通过业务运行中断的情况下可接受的数据损失来决定，它指出了最早可接受的数据恢复时间点。例如，如果业务流程在灾难发生前最多能承受 4 个小时的数据损失，那么在灾难和中断发生前，最近的可用备份在时间上不超过 4 个小时就可以了。完成恢复后，在恢复时间目标和业务中断这两段时间内所发生的事物需要重新输入到系统中去。

恢复时间目标要通过业务运行中断情况下可接受的停机时间来决定，它指明了灾难发生后必须对业务进行恢复的最早时间。

5．业务持续性计划演练

对业务持续性计划进行演练是实现业务持续性计划的重要环节，只有通过演练，才能发现业务持续性计划的不足并加以改善。

对业务持续性计划的演练应当完成以下任务：验证业务持续性计划的完全性和准确性，评价业务持续性计划演练中个人的绩效，评价对非业务持续性计划团队的其他人员的教育和培训，评价业务持续性计划团队与外部供应商的协调性，通过实施预定的程序来演练备份站点的能力和容量，评估重要记录的检索能力，评价要转移到恢复站点的设备的状态、数量和供应情况，评价和维护业务实体有关的运行活动和信息系统处理活动的绩效。

演练的实施包括以下阶段：

（1）预演练阶段——为正式演练做准备工作的一系列必要活动。

（2）演练阶段——业务持续性计划真正演练阶段。

（3）演练的后续阶段——对参与演练的各个团队活动进行清理。

最后组织应当通过实际观察的、量化的评价来判断业务持续性计划是否达到预定的目标，评价应从以下几方面展开：

（1）时间——完成预定任务所用的时间。

（2）工作量——在备份站点业务持续性计划团队成员和信息系统处理操作所完成的工作量。

（3）数量值——成功传送到恢复站点的重要记录数和业务持续性计划的记录数，所需设备及供应物品数量和实际收到的数量。

（4）精度——在恢复站点的数据录入精度与正常录入精度之比。

6．业务持续性计划的维护

组织应当定期对业务持续性计划和策略进行审核和更新，以反映对需求变化的持续跟进。当以下因素发生变化时，需要对业务持续性计划进行更新：

（1）在过去某一时间点上建立恢复策略可能已经不能满足当前组织变更后的新要求（业务流程、组织机构、重要人员的变化）；

（2）组织开发或获得了新的资源或应用系统；

（3）在业务策略上的变更可能会改变关键应用系统的重要性级别，或产生了新的关键应用系统；

（4）硬件与软件环境的变更可能会使为恢复而准备的供应物品过时或不再适用；

（5）新事件或可能造成中断的事件的概率发生变化。

9.2　灾难恢复计划概述

9.2.1　灾难恢复计划

灾难恢复计划（Disaster Recovery Planning，DRP）是指为了减少灾难带来的损失和保证信息系统所支持的关键业务功能在灾难发生后能及时回复和继续运作所做的事前计划和安排。

灾难恢复计划首先要明确影响信息系统持续性的灾难类型有哪些？各类灾难对信息系统尤其是支持关键业务功能产生的影响程度有多大？灾难恢复预案、灾难恢复的成本和恢复的水平等都需要在灾难恢复计划中充分考虑。

1. 灾难和其他引起业务中断的事件

灾难是指由于人为或自然的原因，造成信息系统严重故障或瘫痪，使信息系统支持的业务功能停顿或者服务水平不可接受并持续一定时间的突发性事件。

依据灾难形成原因的不同，灾难包括由自然灾害引起和人为造成两种类型。不同类型灾难造成的宕机事件频率及影响程序不相同，如图 9-1 所示。

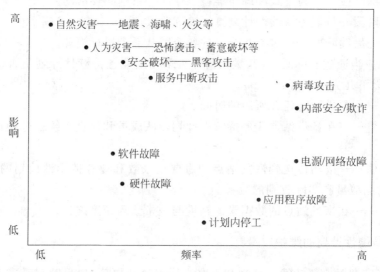

图 9-1　不同类型的宕机事件发生的频率和影响程度

由自然灾害引起的灾难如地震、洪水、海啸、飓风、雷暴、雪灾和火灾等，这些灾害会对信息处理场所和设施造成严重损害，导致信息系统无法提供正常服务，引起业务中断。

由人为造成引起的灾难包括恐怖袭击、黑客的网络攻击、病毒蔓延和人为失误等。

　　某些事件虽然也会引起业务中断,如系统故障、意外文件删除、网络遭受拒绝服务攻击、非法入侵等,一般不会将其归纳到灾难事件中去,因为无论从发生的频率,还是对关键业务的影响程度,都无法和前面所提到过的那些灾难类型相比。

　　因此需要建立一个预先定义的、基于风险的分级系统,来决定当出现中断事件时,是否要启动灾难恢复计划。

2. 灾难恢复策略

　　灾难恢复策略定义了灾难发生时恢复系统的最佳方式和指南,组织根据恢复策略可以开发更加详细的恢复程序。恢复策略的选择主要考虑以下因素:

　　(1) 业务流程及支持此流程的应用系统的重要性;

　　(2) 恢复成本;

　　(3) 组织要求的恢复时间;

　　(4) 安全性。

　　合理的、可接受的恢复成本策略,即恢复成本不应大于停机成本。停机成本可以由业务影响分析中确定的灾难造成中断的可能性和影响得出,恢复成本就是为了防止中断所做的准备的成本,例如:购买、维护、定期测试备份计算机的成本,维护备份网络设备和通信线路的成本,灾难发生时使备份设施投入使用的成本等。灾难发生时造成的成本可以通过保险公司进行投保。

　　总之,对于每一个支持关键业务的应用系统IT平台,都需要建立一个恢复策略。存在各种可供选择的备份策略,首先要通过业务影响性分析来确定风险和重要性级别,然后通过恢复成本和宕机成本来决定最合适的策略。

　　基于风险评价确定的恢复策略如下:

　　(1) 热站。热站提供从机房环境、网络、主机、操作系统、数据库、通信等各方面的全部配置,灾难发生后,一般几个小时就可以使业务系统恢复运行。热站提供的硬件设施和系统软件必须与原有系统一致,启用时,只需操作人员到位并安装应用程序、数据与文件即可运行。热站为组织提供了一个有限时间内的应急手段,并不适合长期使用。因此,热站应当看做是灾难发生后的临时措施,在使用热站的同时,应尽快恢复主系统运行,主系统恢复后,恢复策略应从热站转移到温站或冷站中去。

　　(2) 温站。温站只配备部分设备,通常没有主机,只提供网络连接和一些外部设备。使用温站基于这样一个前提:计算机很容易获得,并且可以快速安装使用。

　　(3) 冷站。为降低成本,冷站只提供支持信息处理设施运行的基本环境(如电源、空调、场地等),灾难发生时,所有设备必须运送到站点上,要从基础设施开始安装,因此故障的恢复时间可能会很长。

　　(4) 冗余的信息处理设施。组织自己配备的专用的恢复站点,用于对关键应用系统进行备份和恢复,主要形式有两种,一是建立可单独运行的热站方式,二是与其他组织签订互惠协议,使双方的应用系统互为备份。

　　(5) 移动站点。移动站点是一种特别设计的拖车式的计算设备,它可以快速地转移到业务部门或恢复站点。移动站点是一个做好充分准备的信息处理设施,可以提供满足某些特定条件的恢复服务。这些移动站点可以被连接到工作区域的网络,配置成服务器、桌面计算机、通信设备,甚至可以被用来建立微波或卫星数据通信连接。

（6）与其他组织的互惠协议。组织之间签订互惠协议是指具有相同设备与应用系统的两个组织或多个组织之间互相为对方建立备份的方法。

9.2.2　制定灾难恢复计划

灾难恢复计划首先要对业务的信息系统进行相应的冲击分析及风险分析并将其量化，以确定 IT 系统面对灾难事故时的预防和恢复策略，开发并制定相应的 IT 系统恢复计划、管理方法和流程，以减轻灾难对于企业 IT 系统的不利影响。

灾难恢复计划是一个全面的状态，它包括在事前、事中和事后，灾难对信息系统造成重大损失后所采取的行动。灾难恢复计划是对于紧急事件的应对过程。在中断的情况下提供后备的操作，在事后恢复和抢救中，组织应该拥有处理能力。

灾难恢复计划的主要目标是：有能力在另外的站点提供关键步骤，并且在一个时间段内恢复主站的正常运行，通过迅速恢复的步骤使企业的损失最小化。

1. 灾难恢复计划的制定步骤

（1）起草。参照《信息安全技术　信息系统灾难恢复规范》（GB 20988—2007—T）的灾难恢复计划框架，按照风险分析和业务影响分析所确定的灾难恢复内容，根据灾难恢复等级的要求，结合组织其他相关的应急预案，撰写出灾难恢复计划的初稿。

（2）评审。组织应对灾难恢复计划初稿的完整性、易用性、明确性、有效性和兼容性进行严格的评审，评审应有相应的流程保证。

（3）测试。应预先制定测试计划，在计划中说明测试的案例。测试应包含基本单元测试、关联测试和整体测试。测试的整个过程应有详细的记录，并形成测试报告。

（4）修订。根据评审和测试结果，对计划进行修订，纠正在初稿评审过程和测试中发现的问题和缺陷，形成计划的报批稿。

（5）审核和批准。由灾难恢复领导小组对报批稿进行审核和批准，确定为计划的执行稿。

为使相关人员了解信息系统灾难恢复的目标和流程，熟悉灾难恢复的操作规程，应对灾难恢复预案进行教育、培训和演练。

灾难恢复预案教育培训和演练的要求如下：在灾难恢复计划初期就应开始灾难恢复观念的宣传教育工作；应预先对培训需求进行评估，开发和落实相应的培训/教育课程，保证课程内容与预案的要求相一致；应事先确定培训的频次和范围，事后保留培训的记录；预先制定演练计划，在计划中说明演练的场景；演练的整个过程应有详细的记录，并形成报告；每年应至少完成一次有最终用户参与的完全演练。

2. 保存与分发灾难恢复计划

经过审核和批准的灾难恢复计划，应进行合适的保存与分发管理，具体要求如下：

（1）由专人负责保存与分发；

（2）具有多份备份在不同的地点保存；

（3）分发给参与灾难恢复工作的所有人员；

（4）在每次修订后所有备份统一更新，并保留一套，以备查阅，原分发的旧版本应予销毁。

3．维护与更新灾难恢复计划

由于业务实际情况变更引起与现实情况不符合，因此需要对灾难恢复计划进行更新和维护。无论何种原因，灾难恢复技术都能在外部使用，以确保计划维持在最新的可用状态，在工作任务说明中描述灾难恢复计划更新，建立审计过程来报告站点的变化，必须保证没有多个灾难恢复计划存在。

4．灾难恢复中组织的角色和责任

在确定了灾难恢复计划后，灾难恢复计划的负责人必须组建合适的团队来测试恢复策略，并确定与各个团队相关的关键决策者、信息部门和终端用户的相关职责。在灾难发生后，组织需要建立哪些团队取决于服务中断的级别和资产损失的类型。每个团队的成员都应该得到培训，并时刻准备在突发事件发生时启动计划来开展工作。这些团队将负责对事件进行响应、对功能进行恢复和使系统回到正常运行状态。这样，恢复人员就需要明确了解团队在恢复工作中的作用、要恢复的目标、执行计划的步骤以及他们团队的规模、团队名称和构成。

灾难恢复团队通常有：

（1）事件响应小组（Incident Response Team）。一旦发生威胁到信息资产和业务流程的安全事件，就必须及时上报到事件响应小组，事件响应小组根据对事件的初步分析，确定事件的性质，通知相关团队采取下一步行动。事件响应小组对所有事件的综合分析成为日后更新灾难恢复计划的依据。

（2）应急行动小组（Emergency Action Team）。这个小组是针对灾难事件的第一时间响应小组，由处理火灾的救火员或其他突发事件的人员组成。他们的首要职责是有序疏散危险环境下的员工，保护员工的生命安全。

（3）信息安全小组（Information Security Team）。这个小组的主要使命是在紧急事件前，在生产区域建立必要的步骤来维护相关的信息和IT资源的安全，并在备用区域实施必要的安全措施。此外，他们的责任是持续监控系统和通信线路的安全，解决影响系统恢复的安全问题，并确保安全软件的正确安装和正常运行，在灾难发生后，负责保护组织的资产安全。

（4）损失评估小组（Damage Assessment Team）。这个小组评估灾难的范围，通常由能评估被损害站点灾难程度和恢复事件的专业人士组成，一般还应该包括能熟练使用测试设备的专业人员、熟悉系统和网络的专业人员及熟知安全规则与程序的人员等。损失评估小组有责任指出灾难发生的原因及业务中断造成的影响大小。

（5）应急管理小组（Emergency Management Team）。这个小组启动灾难恢复计划并监督恢复操作的运行，并对灾难恢复过程中重大问题做出决策。应急管理小组还负责协调各小组之间的沟通，监督恢复计划的测试和演习，对恢复计划中资金进行合理分配，处理灾难所引起的法律问题，接受媒体采访，处理公共关系等。

（6）应急作业小组（Emergency Operation Team）。这个小组通常由轮班的操作人员和管理人员组成,在整个灾难发生及恢复期间,他们应当一直工作在灾难恢复现场并管理系统的操作。另外,若不使用热站作为备份站点,应协调硬件设备的安装。

9.3　信息系统业务持续性审计的内容

业务持续性计划审计的关键工作任务包括:理解与评价组织的业务持续性策略,及其与组织业务目标的一致性;检查业务影响分析以确保它反映了当前的业务实践和已知威胁;评价业务持续性计划的充分性和时效性,主要通过检查计划和将计划与适当的标准相比较,包括恢复点目标和恢复时间目标等;审核信息系统及终端用户以前演练的结果,验证业务持续性计划的有效性;审核异地存储设施及其内容、安全和环境控制,以评估异地存储站点的适当性;审核应急措施、员工培训、测试结果,评估信息系统及其终端用户在紧急情况下的有效反应;确认组织对业务持续性计划的维护措施存在并有效,而且进行定期和不定期的更新;评价业务持续性计划手册和程序文件是否简洁易于理解,通过和所有关系人面谈,确定其是否理解他们在业务持续性计划中的角色和职责。

1. 业务持续性计划的审查步骤

业务持续性计划的审查步骤如下:

(1) 获得最新版业务持续性策略、计划或操作手册的副本;

(2) 抽样检查已分发的计划或手册,验证其是否是最新的;

(3) 评估业务持续性计划是否支持全面的业务持续性策略;

(4) 审核对关键应用系统的识别、优先级分类和所需支持,包括基于 PC 的应用系统和终端用户开发的系统;

(5) 确定所有热站的主机是否使用了正确版本的系统软件,验证所有的软件都是兼容的,否则,当灾难发生时,系统将不能正确处理生产数据;

(6) 获取每个恢复/持续/响应团队的人员清单,获取备份设施相关的协议;

(7) 审核业务持续性计划的人员联络名单,与热站签订的应急供应合同等的正确性和完整性;

(8) 抽查部分人员,验证其电话号码和地址是否正确,并确认他们都持有一份业务持续性计划实施手册;分别询问这些人员,确认他们是否了解其在紧急事故中所担负的职责;

(9) 面试相关人员检查其是否理解在中断和灾难环境下所分配的职责;

(10) 评价记录演练结果的程序是否完备;

(11) 评估手册的更新程序,更新和发放是否及时,对手册的维护责任是否已书面化;

(12) 确定是否备份和恢复程序被遵循;

(13) 评估所有书面的紧急情况处理步骤,内容是否全面、适宜、准确、实时和易于理解;

(14) 是否存在要重新输入到系统的业务有必要单独从正式系统中识别出来;

(15) 确定所有的灾难响应团队是否有操作规范可以遵循,并熟悉这些操作步骤;

(16) 确定是否存在一个合适的程序来更新书面的紧急程序;

(17) 确定要重建信息系统处理设施的必备条件,如设计图、硬件清单和接线图等是否被异地存储。

2. 对以往演练结果的评估

信息系统审计师应当审查以往的业务持续性测试结果,并检查是否把相关纠正措施纳入到整个计划中,评估以往测试结果在实现这些目标过程中的完备性和准确性。判断测试结果是否被组织中的相关人员复核,是否达到了预期的目标,发现了问题的趋势并提出了可能的解决方案。

3. 评估异地存储

应当对异地存储设施进行评价,以检查重要的介质和文档是否存在,并保持与原始介质的同步,包括数据文件、应用软件、应用文档、系统软件、系统文档、操作文档、必要的物品供应、特殊的表格和一份业务持续性计划的副本。要验证以上提到的信息,信息系统审计师应当进行详细的存储目录审核,审核的内容包括数据集名称、卷序列号、记账周期、存储介质标签卡编号。信息系统审计师也应当检查备份文档,并将其与实际使用中的文档进行比较,确定是否一致。还要检查这些设施的可用性,确保设施符合管理层的要求。

4. 评估异地存储场所的安全性

应当评估异地存储场所的安全性,检查是否对其建立了适当的物理和环境访问的控制措施,以保证是由授权人员可以访问存储设施。控制措施包括采用机房专用地板、湿度控制、温度控制、专用线路、不间断电源、水警探测设备、烟雾探测设备及消防火灾系统。信息系统审计师应当检查上述设备,是否于近期检查过并记录在其标签上。检查也应该考虑介质传输的安全要求。

5. 备用处理合同评估

信息系统审计师应当对组织和厂商签订的购买备份设备的合同进行评估。检查厂商的相关记录及信用情况,厂商的承诺都应当有正式的书面记录并进行验证。

6. 审查保险事务

保险反映了恢复的实际成本。为判断保险费用的合理性,信息系统审计师应当检查组织在存储介质的损失、业务中断、设备更换和业务持续性等方面的保险项目的充分性。

思考题

1. 业务持续性计划的定义及目标是什么?
2. 灾难恢复计划的定义是什么?
3. 灾难恢复计划的制定步骤是怎样的?

第10章

信息系统数据审计

数据是信息系统处理的产物,数据审计是直接以系统数据为对象开展审计,进而判断被审系统的合法性、真实性和有效性的过程。本章首先详细描述数据审计概念和关键技术——SQL 查询技术、多维分析技术和数据挖掘技术,然后分别阐述现场数据审计和非现场数据审计的不同工作流程,最后通过某农村合作医疗系统数据审计案例展现数据审计的实施思路和步骤,为相关实务提供参考。

10.1 数据审计概述

10.1.1 数据审计的定义

数据审计是指审计人员对被审单位信息系统的数据进行直接检查和分析性复核,从而确定其经济业务活动的合法性、真实性和有效性的过程。数据审计的对象是信息系统中的电子数据。获取数据和分析数据是数据审计的两个关键环节。数据审计既可以为信息系统审计提供线索,也可以作为信息系统审计的直接取证手段。

获取数据是指审计人员获取审计数据的过程,有手工采集数据和联网采集数据两种形式。

分析数据是指通过对数据审计进行多角度分析与比较,查明数据的合理性,以及数据之间的联系是否正常。如果存在不合理现象或异常变化,可作为重要审计线索,进一步查找数据处理中的错误或舞弊行为。

根据获取数据和分析数据的不同形式,数据审计有如下 4 种作业模式。

1. 现场单机审计模式

审计人员运用台式机或笔记本电脑,一个一个独立地开展工作,相互之间用移动存储设备来进行资料交互。这种方式灵活方便,适用于被审计单位的规模小、数据量小的情况。

2. 现场网络审计模式

审计组在审计现场组建专用的小型局域网,有专门的服务器存放数据,然后审计人员综合运用统计查询分析、多维分析、数据挖掘等多种技术手段和方法构建审计分析模型,审计人员之间通过局域网进行资料交互,在网上协同工作。这种方式适用于被审计单位规模大、数据量大的情况,也便于审计人员信息共享,有利于对审计进行信息化管理。

3.非现场联网审计模式

非现场联网审计模式是指审计主体(审计机关)与审计客体(被审计单位)的信息系统通过安全的网络连接,实现对审计客体信息资源的远程采集、集中存储、集中处理、集中分析,运用定制的、可扩展的审计模型对海量数据进行审计分析,以实现审计目标的一种计算机审计方式。

4.非现场非联网审计模式

在非现场非联网审计模式下,审计人员将被审计单位和外部关联单位的相关数据导入到数据中心,然后综合运用已有的各种审计方法进行数据分析,从而搜集审计证据,实现审计目标的方法。这种方法适合整体项目小、投入审计力量少、审计时间短的"短、平、快"审计项目。

非现场审计和现场审计是两种不可分割的两种审计方式,二者各有优势,也各有局限,可以互相补充,但是不可相互替代。虽然非现场审计有无可比拟的优势,但也存在着自身的不足和局限性。比如,非现场分析的结果只是为审计人员提供现场审计的方向和线索,不能据此做出最终结论,非现场审计的结果需要由现场审计来验证和补充。因此,将二者结合起来形成有效的审计监督方式,才能更好地实现审计目标。

10.1.2　数据审计关键技术

从技术角度看,用现场数据审计中的建立审计分析模型开展数据分析,以及用非现场数据审计中的构建审计方法进行数据分析,都涉及类似的关键技术。目前,SQL查询技术和多维分析技术是两类主流的数据分析技术,而数据挖掘技术在计算机审计中的应用目前尚处于探索阶段。下面将对这些关键技术加以详细介绍。

1.SQL查询技术

SQL是结构化查询语言(Structured Query Language)的缩写。它的语句都是由描述性很强的英语单词组成,比如SELECT、INSERT、DELETE、WHERE等。这些单词的数目不多,但是如果灵活使用,可以进行非常复杂和高级的数据库操作,比如查询数据,添加、删除和修改数据,定义、修改数据模式等。

目前,世界上几乎所有的主流数据库都支持SQL。所以在数据审计中,SQL是审计人员必须学会的一门基本数据库语言。审计人员在审计过程中就可以根据不同的分析需要,通过编写SQL语句来对各种类型数据库的数据进行清理、转换、验证,建立审计中间表和审计模型进行数据分析,从而达到核查问题或筛选审计线索的目的。

SQL按其功能可分为如下4大部分:

(1)数据定义语言(DDL),例如,CREATE、DROP、ALTER语句分别实现定义、删除和修改数据库对象的功能。

（2）数据操作语言（DML），例如，INSERT、UPDATE、DELETE 语句分别实现对数据库数据的增加、删除和修改功能。

（3）数据查询语言（DQL），例如，SELECT 语句实现查询数据的功能。

（4）数据控制语言（DCL），例如，GRANT、REVOKE、COMMIT、ROLLBACK 语句实现控制用户对数据库的操作权限的功能。

2. 多维分析技术

多维分析技术也称为联机分析处理（On-Line Analytical Processing，OLAP），是以海量数据为基础的复杂分析技术。它支持审计人员从不同的角度，灵活快捷地对被审计单位的电子数据进行挖掘分析，并以直观易懂的形式展示分析结果。

相较于传统的 SQL 查询，多维数据分析所使用的多维概念和表现模式更符合人的思维习惯，更适宜于高效地聚合、检索、观察和分析数据。因此，审计人员对电子数据进行多维分析，可以更好地把握总体，迅速地从被审计单位浩如烟海的电子数据中根据需要找出有用的信息，形成审计重点和疑点，从而提高审计的效率和质量。

常用的多维数据分析工具包括服务器端分析工具和客户端分析工具两部分，服务器端分析工具有 SQL Server Analysis Service 和 DB2 OLAP Server，客户端分析工具有 EXCEL 数据透视表和 Crystal Analysis。

多维数据分析一般按照"根据审计目标，确定分析主题"、"设置数据源，建立多维数据集"、"浏览分析数据"的顺序进行，其中，"设置数据源，建立多维数据集"是关键。

多维数据集也就是常说的数据立方体数量（Data Cube），一般由被审计单位数据库的一个子集构成。多维数据集的两个核心概念是度量值和维度。度量值是审计人员所关心的具有实际意义的数量，也就是审计人员在运用多维数据分析技术时所需要查看的数据，这些值一般为数值，例如销售量、库存量等。维度是人们观察数据特定的角度。

例如，企业常常关心产品销售数据随时间推移而产生的变化情况，这是从时间的角度来观察产品的销售，因此时间就是一个维。企业也时常关心自己的产品在不同地区的销售分部情况，这是从地理分布的角度来观察产品的销售，所以地理分布也是一个维。维度往往具有多个层次，如时间维可以从年、月、日等不同层次来描述。维的一个取值成为该维的一个维度成员，简称为维成员。

建立多维数据集之后，可以对以多维形式组织起来的数据进行上卷、下钻、切片、切块、转轴等分析操作，使审计人员能从多个角度、多个侧面观察数据库中的数据，从而深入了解包含在数据中的信息和内涵。

1）上卷

上卷是通过上升维来观察更宏观的数据。例如，沿着时间维上卷，由季度上升到半年，如图 10-1 所示。

2）下钻

下钻是通过下降维来观察更细致的数据。例如，沿时间维进行下钻，由半年下降到季度，如图 10-2 所示。

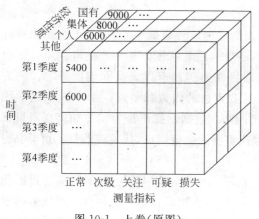

图 10-1 上卷(原图)

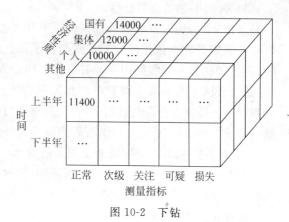

图 10-2 下钻

3）切片

切片是在某个维上进行的选择维成员的操作。例如，使用选择条件："时间＝第 1 季度"。如图 10-3 所示。

4）切块

切块是在多个维上进行的选择维成员的操作。例如，使用条件：（测量指标＝"正常" or "次级"）and（时间＝"第 1 季度" or "第 2 季度"）and（经济性质＝"集体" or "个人" or "其他"）。如图 10-4 所示。

5）转轴

转轴就是改变维的方向。例如，将 Y 轴方向的"时间轴"和 Z 轴方向的"经济性质轴"交换位置。如图 10-5 所示。

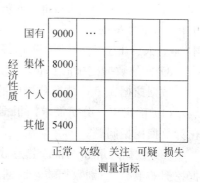

图 10-3 切片

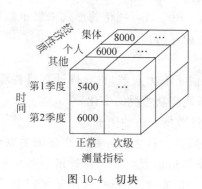

图 10-4 切块

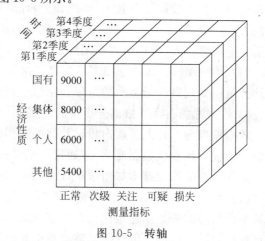

图 10-5 转轴

3. 数据挖掘技术

数据挖掘（Data Mining）又称为数据库中的知识发现（Knowledge Discovery in Database，KDD），是指从大量的、完全的、有噪声的、模糊的、随机的实际应用数据中，提取隐含在其中的、人们事先不明确却又潜在有用的信息和知识的过程。

1) 数据挖掘的应用价值

当前,全国很多审计机关都在根据审计署的规划筹建审计数据中心,客观上为将来审计机关开展审计数据挖掘研究和实践创造了必要的条件。随着基于数据中心的联网审计平台的建立,如何在海量数据中获取有价值的审计线索将成为摆在审计人员面前的难题。一方面,通过联网平台获取的被审单位数据包含了所有要审计的线索和疑点;另一方面,这些线索和疑点已经淹没在海量数据中,寻找的难度可想而知。数据挖掘正是为解决如何在海量数据中寻找有价值信息而产生的,可以为审计人员提供重要的决策信息,其发展前景不可低估。

2) 数据挖掘不同于传统的数据分析技术

与基于数据仓库的多维模型分析不同,数据挖掘不是根据审计人员已有的经验通过固化的模型来寻找可疑线索,而是在不需要人工干预的情况下,由机器自动生成包含可疑线索的规则。审计人员通过分析这些规则,结合自身的审计经验确定哪些规则可以被当作可疑线索使用。简单地说,多维模型事先假设好的线索能被数据仓库里的数据证实,而数据挖掘则利用被审计数据直接生成线索,再由审计人员判断这些线索的合理性。尽管审计人员的经验在审计过程中起着至关重要的作用,但经验并不能涵盖被审计单位可能存在的所有问题。通过数据挖掘技术,审计人员往往能够发现一些用传统方法难以察觉的问题,这也是数据挖掘最有价值的地方。

3) 实施数据挖掘的步骤

数据挖掘在审计数据分析中的实施步骤如下:

(1) 确定审计分析需求。根据审计的目标和内容要求,描述和表达审计问题,并将其转化为数据挖掘问题。

(2) 数据理解和准备。熟悉数据,确定数据来源,从被审计数据信息集中选择适用于数据挖掘的数据,识别数据质量问题,对有关数据进行转换和清理。

(3) 建模和数据挖掘。针对所要发现审计任务的所属类别,首先选择合适的挖掘工具,其次选择合适的数据挖掘技术,如统计分析、聚类、关联规则等,设计或选择有效的数据挖掘算法,产生一些数学分析模型并加以实现。例如,要预测企业的盈利能力指标,因为影响盈利能力的因素很多,所以可以应用人工神经网络建立预测模型。

(4) 结果评价。数据挖掘工具在完成挖掘过程后,一般会以可视化的形式来展示结果。审计人员需要观察图形表示的结果,对此结果进行解释和评估。

4) 数据挖掘在审计数据分析中的应用

数据挖掘为审计人员面向海量数据的数据分析提供了有力武器,它允许计算机持续不断地监控被审计单位数据变化,并通过不断自我进化来适应新情况的变化。

下面是数据挖掘技术如何被审计人员用来进行审计数据分析的例子。

(1) 关联规则技术的应用。被审计单位的财务数据各科目之间存在着很强的关联性,对某个科目的财务数据造假往往会牵连到其他科目,所以造假者必然要通过调整多个相关科目数据来达到目的。但这种调整必然引起个别科目数据的异常变动,从而破坏原有的逻辑关系。通过关联规则技术,可以甄别这种异常活动的存在。比如,利用数据挖掘的关联技术,可以知道车辆数量和养路费、汽车保险费等日常维护支出存在一定的关系,能够据此发现是否存在用账外资产买车的行为,进而查出小金库问题。

(2) "孤立数据"挖掘分析技术。在审计过程中,一些异常的、孤立的、偏激的数据往往会引起审计人员的注意,形成审计的突破口。但是,在海量数据中将那些"孤立点"挖出来非常困难,况且这些数据往往是造假者精心掩饰的。利用数据挖掘技术寻找"孤立数据",将极大地增加发现异常审计数据、事件或异常的发生频率等的概率,从而发现有可能隐藏的违规行为。比如,通过对被审计单位若干年来的管理费用数据进行聚类分析,发现其中某期间的管理费用出现异常,据此,审计人员可将其列为审计重点。

(3) 数据概化技术。数据概化是指对数据库中的数据进行浓缩,抛弃其细节特征,以形成不同粒度数据的过程。数据概化可应用于审计数据分析中的描述式挖掘,审计人员可从不同的粒度和不同的角度描述数据集,从而了解某类数据的概貌。审计人员可以采用概念描述技术对存储在被审计数据库中的数据实施数据挖掘,通过使用属性概化、属性相关分析等数据概化技术将详细的财务数据在较高层次上表达出来,得到财务报告的一般属性特征描述,从而为审计人员判断虚假财务报告提供依据。

10.2 现场数据审计

现场数据审计是以计算机技术为手段,以数据库技术为依托,在审计现场获取和加工被审计对象的有关业务和财务信息,经质询、筛选,对查找出的异常或值得关注的数据进行记录和分析检查的过程。

现场数据审计的工作流程一般有如下 6 个步骤:

(1) 审计调查,全面了解被审计单位的基本情况。

在采集数据之前,首先通过访谈法、调查表统计法、文档查阅法或实地观察法等方法,对被审计单位的基本情况、核心业务流程及其信息化程度,重点信息系统的软硬件配置、主要功能和管理使用情况等进行充分的调查,从而获得信息系统的数据库类型、数据量、数据生成过程、数据来源和特殊的数据处理流程等信息。在此基础上,提出满足审计需要的数据需求,从而确定数据采集的对象和所采用的技术方法。

(2) 采集数据,获取充分的信息。

数据采集是实现数据审计的前提和基础。在审计调查提出的数据需求基础上,审计人员可以在被审计单位技术人员的配合下,根据被审计单位的具体情况,按照审计目标,结合审计组人员与设备配置情况等因素,选择合适的采集手段对数据进行采集。一种是利用审计软件或数据库管理系统等采集工具,通过直接复制、数据接口、文件传输等方式,有选择性地获取被审计单位和外部关联单位信息系统数据库底层的电子数据。一种是审计人员通过问卷(表)调查法、实地观察法、访谈法、文档查阅法等方法从被审计单位和外部关联单位手工采集到相关数据。

(3) 对采集的数据进行转换、清理和验证。

在完成数据采集工作之后,需要对数据进行清理、转换和验证以满足审计分析的需要。从广义上讲,凡是有助于提高数据质量的程序都属于数据清理工作,主要包括:处理冗余数据,如重复行数据、列中冗余数据、冗余字段等;处理空置(NULL);处理不规范数据,如字段值缺失、带多余空格、取值异常数据等。

数据转换是指将从被审计单位及外部关联单位采集到的数据有效地装载到审计人员可操作的数据库中。通常涉及三种类型:简单变换,日期、时间格式的转换,字段值合并、拆分。简单变换即转换源数据库中某些字段的类型、长度等,最常见的简单变换是转换一个数据元的类型。

　　数据验证则贯穿于数据审计的各个阶段,以确认电子数据的真实性、完整性和准确性。主要方法有核对记录数、总金额,检查借贷是否平衡,顺序码断号、重号验证等。

　　(4) 创建审计中间表。

　　在对数据进行采集、转换、清理和验证后,应根据审计利用数据的方式和目的建立审计中间表。由于数据库中的数据根据范式的要求,往往是按一定的规则进行模式分解后存放于不同的、相互关联的逻辑基本表中,而且由于审计利用数据的方式和目的与管理、核算利用数据的方式和目的不同,满足管理、核算要求的数据表不一定都能够满足审计的需求,造成了信息的“分裂”。同时,由于利用外部关联数据带来的信息整合等方面的问题,审计人员通常需要对处理后的数据库中的基础数据进行投影、连接等操作,生成能够体现业务特征、面向分析主题、保持相对稳定和随着审计分析的深入而变化的审计中间表,它为构建审计分析模型奠定了基础。换言之,审计人员运用的对其进行分析的不是从被审计单位获取的原始数据,而是由审计人员从源数据中生成的审计中间表。

　　(5) 数据分析。

　　数据分析应该从总体到细节,通常情况下,审计人员应该按照“系统分析、类别分析、个体分析”的流程开展数据分析工作。

　　系统分析是通过对被审计单位资产、负债、损益、现金流情况的分析和对主要财务、业务指标的计算分析,从整体层次上全面地、系统地分析、评估、把握被审计单位的总体情况,对其主要特点、运营规律和发展趋势形成一个总体认识,同时初步确定审计重点范围。

　　在对被审计单位进行系统分析把握总体情况的基础上,还需根据被审计单位的主要业务类别,从业务类别的层次上进行分析,查找经营管理的薄弱环节,锁定各主要业务类别重点审计的内容与范围。

　　在系统分析和类别分析的基础上,还应对总体分析模型锁定的审计重点进行进一步的个体分析,以达到核查问题或筛选审计线索的目的,从而为延伸取证提供明确具体的目标。

　　(6) 对发现的问题线索逐一延伸落实,取得审计证据。

　　应根据对被审计单位电子数据的系统分析、类别分析和个体分析的具体结果,采取直接或进一步核查的方式取证,验证并落实问题。

10.3　非现场数据审计

　　非现场数据审计是以计算机技术为手段,以数据库技术为依托,通过计算机网络实时、批量地处理被审计对象的有关业务和财务信息,经质询、筛选,对查找出的异常或值得关注的数据进行记录和分析检查的过程。开展非现场数据审计是审计监督体系的重要构成部分,也是审计监督的重要手段。

　　非现场数据审计可为现场数据审计提供线索和资料,为制定审计计划、安排审计资源提供支持。

　　非现场数据审计通过计算机网络等非现场的方式采集被审数据并加以分析,不仅降低了审计成本,且便于更有效地整合审计资源,突出数据分析、风险管理的作用,更重要的是能对被审计单位建立实时的监控系统,解决了现场审计事前对风险预警力不从心的状况,强化了审计管理的作用,增强了审计的时效性,从而最终实现事前、事中和事后的全过程审计。

非现场数据审计的工作流程一般有 6 个步骤:审计数据规划、审计方法构建、审计数据采集、审计数据分析和问题查证落实。其中,审计数据规划、构建审计方法体系和审计数据采集是非现场数据审计的核心环节。下面分别详细介绍。

1. 审计数据规划①

一方面,没有统一规划的审计数据,原始数据处理和审计分析难以分离,那么每一个审计人员在每次审计项目上都必须经历从原始业务数据处理到审计分析的全部过程;另一方面,审计分析经验不能直接再利用,使得审计方法在新的业务数据模式面前不能被执行。因此,审计数据中心建设的最终目标是实现对数据的规范管理和高效利用。建设审计数据中心,需要开展严谨科学的数据规划,对审计工作中获取的和形成的基础数据,以及对基础数据的审计应用、共享和交换进行规划。

数据规划包括基本规划、专业规划和系统规划。

基本规划规定目录体系的资源分类、信息资源的数据元素分类、交换体系的交换方式与技术实现等规划规则,指导专业规划和系统规划的数据规范和应用实现。

专业规划描述行业审计的数据规划,如政府预算执行审计、海关审计、税收审计、金融审计、企业审计、固定资产投资审计、社会保障审计、外资运用审计、农业与资源环保审计、经济责任审计、境外审计等审计数据规划。专业规划对专业审计的资源分类、代码结构、实体、数据元素和数据表等进行规划。

系统规划规定数据管理和共享交换的技术实现规则。系统规划旨在指导、规范审计数据中心建设,保障数据中心正常运行和数据的安全存储。系统规划明确国家审计数据中心由应用层、数据管理工具、数据支撑平台和数据存储层 4 部分组成,并对各部门的功能、系统结构和配置进行了技术规定。

下面以社会保险审计数据规划为例进行描述。

社会保险审计业务与社会保险审计数据的对应关系如图 10-6 所示。

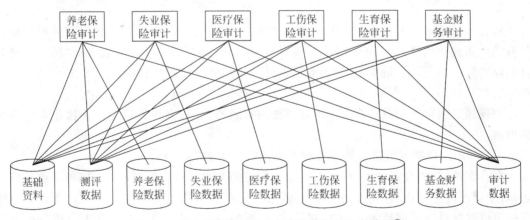

图 10-6　社会保险审计业务与审计数据的对应关系②

---

① 这里的"审计数据规划"主要是指行业审计的"专业规划"。
② 图 10-6 和图 10-7 资料来源:中华人民共和国审计署《社会保险审计数据规划——计算机审计实务公告第 10 号》。

社会保险审计业务包括养老保险审计、失业保险审计、医疗保险审计、工伤保险审计、生育保险审计、基金财务审计等 6 类。各类审计业务对应的审计数据为基础资料、测评数据、养老保险数据（或失业保险数据、医疗保险数据、工伤保险数据、生育保险数据、基金财务数据）、审计数据。

根据社保审计业务与审计数据的对应关系，得到 9 大类别的社保审计数据资源分类，如图 10-7 所示。

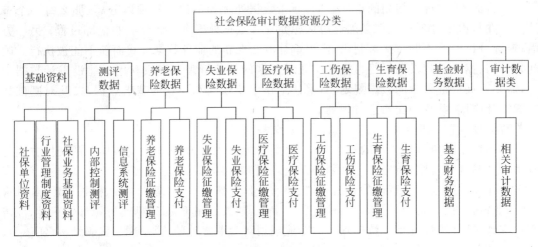

图 10-7　社会保险审计数据资源分类

图 10-7 中的社保审计数据资源分类包括基础资料、测评数据、养老保险数据、失业保险数据、医疗保险数据、工伤保险数据、生育保险数据、基金财务数据、审计数据 9 个类别，47 个实体分类，涉及数据元素共计 1375 个，最后按照业务界定范围和数据元素规划，组合确定出 199 张基础表，从而建设社会保险审计数据中心。

2. 审计方法构建

审计方法是审计人员用于数据分析的数学公式或逻辑表达式，它是按照审计事项应该具有的性质或数据量关系，由审计人员通过设定判断、限制等条件建立起来的，用于验证审计事项实际的性质或数量关系，从而对被审计单位经济活动的真实性、合法性和有效性做出科学的判断。

非现场数据审计的成功取决于审计方法的有效性，一般来说有以下 5 种构建审计方法的思路。

（1）利用法律法规对被审计单位相关业务的具体规定。

在真实性、合法性审计中，审计人员依据的是相关法律法规的规定。我国的法律是成文法，对于特定的业务而言，相关的法律法规一般在量、性方面均有具体的界定。在建立个体分析模型时就可以依据具体的条文，将法律、法规的定量、定性规定具体化为个体分析模型中的筛选、分组、统计等条件，对反映具体业务内容的特定字段设定判断、限制等条件建立起个体分析模型。

（2）利用被审计单位数据之间的各种勾稽关系。

由于电子数据是对被审计单位经济业务的反映和记录，每一类、每一个数据都有其明确的经济含义,并且数据之间往往存在着某种明确而固定的对应关系,这些对应关系便是勾稽关系。勾稽关系一般体现为机械准确性,指不同经济变量之间在量上的依赖、对应关系,如资产负债表的资产合计应等于负债与所有者权益之和,又如在相关条件确定时,企业一定量的固定资产金额必然有一定的累计折旧金额相匹配。在构建个体分析模型时,审计人员可以充分利用有关数据之间存在的这种可以据以进行相互查考、核对的关系,方便、快捷地建立分析模型。

(3) 利用被审计单位有关业务的处理逻辑关系。

被审计单位的业务总是在特定的经济技术条件下进行的,业务运行环境中的诸多因素如设备、设施、技术、资金、税率、折旧、专业人员等在一定时期是固定不变的,所以被审计单位的业务中会存在反映业务运行环境中这些不变因素的固定的经济指标,如一定的投入产出比、标准成本、产品成本单耗、稳定的毛利率、费用指标、应纳税金、应提折旧等。在审计特定对象时,审计人员应深入分析和挖掘,寻找和利用被审计单位经济业务中存在的业务处理逻辑关系,根据业务处理逻辑关系建立个体分析模型,发现与业务处理逻辑关系不相吻合的事项,从而达到审计发现、核查问题的目的。

(4) 利用被审计单位外部数据与内部数据之间的关联关系。

在当前的审计实践中,越来越多的审计项目不仅需要审计人员采集被审计单位内部的电子数据,还需要尽可能地采集其他相关部门、单位的外部电子数据。不论是被审计单位内部的财务数据、业务数据,还是来自相关部门或单位的外部数据,都是审计人员在审计项目中可以利用的数据资源。这些数据虽然来自不同的渠道,但都是对被审计单位经济业务的反映,彼此之间存在着一种可据以进行相互查考、核对的关系。在构建个体分析模型时,审计人员可以在拥有充足信息资源的基础上,充分利用内外部数据之间存在的这种关联关系,方便、快捷地建立起分析模型并进行比对、分析,查找出被审计单位存在的问题或线索。

(5) 利用审计经验。

审计人员在长期对某类问题的反复审计过程中,往往能摸索、总结出此类问题的表征。在审计实践中抓住这种表征,从现象分析至实质,就可以较为方便地核查问题。将审计人员的这种经验运用到计算机审计中,将问题的表征转化为特定的数据特征,通过编写结构化查询语句或利用专用审计软件,检索出可疑的数据,并深入核实、排查来发现问题。

3. 审计数据采集

由于被审计单位数据库和审计数据规划的数据库在结构上可能会有不同,需要把被审单位的数据库转换成数据规划的结构,一般通过数据迁移技术来实现。

使用数据迁移技术进行审计数据采集的过程通常如下:制定数据迁移策略,确定数据迁移的范围,确定数据迁移的环境,确定数据迁移的技术;考察原始系统数据结构,包括原始系统数据结构的描述、原始系统数据结构的依赖关系;考察新系统数据结构,包括新系统数据结构的描述、新系统数据结构的依赖关系;建立对照关系,即建立原始系统数据结构和新系统数据结构的对照表;确定数据迁移的顺序列表;编写数据迁移脚本;整体数据迁移测试;数据迁移正确性确认;整体数据质量检验。

按照数据采集的实现方式不同,一般有联网自动采集与人工导入两种。在联网自动采集方式下,利用联网的数据采集系统自动、准确地进行采集并转换被审数据,极大地提高了审计工作的及时性;同时,联网自动采集可大力减少审计的人力投入,提高了工作效率,降低审计成本。人工导入的采集方式适用于联网条件不满足的情形,在当前形势下也有重要意义。人工导入可由被审计单位送达,也可采用审计人员现场导出导入等形式。

4．审计数据分析

审计数据分析是指审计人员对被审计单位数据库中的数据开展全面重点分析。信息系统各模块直接改变数据库中不同数据表及其数据,通过对数据库中数据进行关联比较,可为审计人员判断信息系统及其控制是否到位提供线索。非现场数据审计时,审计数据分析主要依靠审计方法对数据中心的各类数据表进行自动分析,因此,非现场数据审计情景中审计数据分析的质量由数据规划和审计方法决定。这一点与现场数据审计不同,现场数据审计时数据分析的质量由审计人员素质和数据采集质量决定。

审计数据分析的作用体现在以下几个方面:

(1) 数据分析可以帮助审计人员评估被审计单位的内部控制。通过对同一张表的不同字段的分析以及不同表之间的逻辑关系的分析,审计人员可以确定被审计单位各业务流程采取了哪些风险控制措施。这些措施既有内置于应用软件中的应用控制,如业务流程控制、基础参数控制、接口控制等,又包含了对业务管理所采取的综合控制,如职责分离、权限授予等。

(2) 数据分析可以帮助审计人员发现隐含的审计线索。在对数据进行审计评估过程中,通过对相关联的数据表进行数据比对,对发现的不合理差异问题进行分析,找出造成问题的原因,从而发现隐含的审计线索,获得审计证据。

(3) 数据分析可以帮助审计人员确定信息系统缺陷的线索。通过对数据进行分析,寻找系统运行过程中出现此类问题的原因,从而可以倒推找到信息系统相应模块的设计或控制缺陷。

5．问题查证落实

与现场数据审计类似,在非现场数据审计环境下,查证落实问题依然采用现场方式,由审计人员将数据分析产生的疑点到被审计现场进行询问和考察,经过审计查询、审计签证等环节最终得到审计结果。

在非现场数据审计环境下,需要审计人员依据不同项目,提供针对审计方法和数据规划的改善建议,通过不断实施审计项目来实现审计规划与审计方法的动态改善。

10.4　新型农村合作医疗系统数据审计案例

10.4.1　被审计单位信息化基本情况

被审计的新型农村合作医疗系统于 2005 年购入,目前正式运行的子系统有:结报系统、审核管理、备审审批、基金管理和统计查询子系统。该系统由被审单位的 IT 部门负责管理,设主任和副主任岗位,下设两科室:结报科和综合科。被审单位完全依赖该系统完成新农合基金的征缴、报销等业务,信息化建设投入资金累计上百万元,信息化管理方面制定有计算机机房管理等相关管理制度。

该系统的关键流程是基金征收和基金报销流程,分别如图 10-8 和图 10-9 所示。

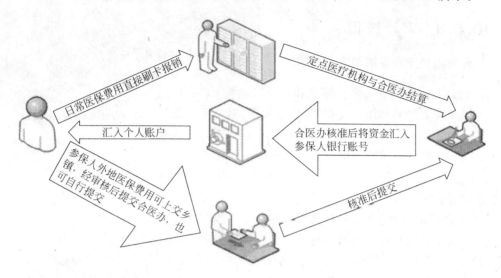

图 10-8 新农合基金征收流程

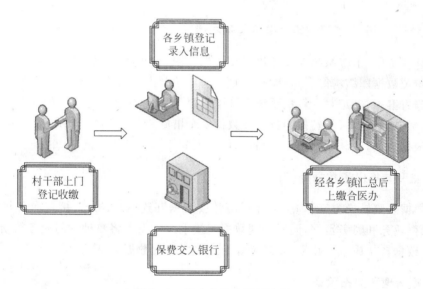

图 10-9 新农合基金报销流程

10.4.2 审计目标

目前,社会上普遍关注我国农村社会保障政策法规的贯彻落实效应和管理效率,要求对基金的运行绩效进行客观评价,对其运行效能、效果进行评估。

该项目通过对某市新农合工作开展情况进行专项审计调查,掌握某市新农合政策覆盖面、保障水平和受益面,检查《某省深化医药卫生体制改革 2009—2011 年重点任务实施计划及 2011 年工作安排》中有关新农合目标的实现程度,揭示新农合在管理体制和运行机制上存在的缺陷,查处新农合基金在征缴和使用中存在的违纪违规问题,提出规范并强化新农合管理体制和监督机制的建议,为进一步完善新农合制度提供决策依据。

10.4.3 审计过程

1. 理解相关安全标准和行业法规

针对该审计项目,相关安全标准和行业法规如下:

(1)《中华人民共和国审计法》第三十一条、第三十二条。

(2)《审计署关于计算机审计的暂行规定》第二条、第三条。

(3)《审计机关计算机辅助审计方法》第二条、第七条。

(4)《关于进一步做好新型农村合作医疗试点工作的指导意见》(国办发[2004]3号)第十五条、第十六条。

(5)《关于加快推进新型农村合作医疗试点工作的通知》(卫农卫发[2006]13号)。

(6)《关于巩固和发展新型农村合作医疗制度的意见》(卫农卫发[2009]68号)。

(7)《××省新型农村合作医疗定点医疗机构管理办法》(××省卫发[2004]121号)。

(8)《××省人民政府关于建立新型农村合作医疗制度的实施意见(试行)(××省政发[2003]24号)。

2. 审计调查,全面了解被审计单位的基本情况

在审计调查中,了解系统和业务流程和数据环境,检查信息化管理制度的建立情况,熟悉被审计单位数据库结构等。审计组长建立项目,编制审计实施方案。根据审计调查资料,在审计实施方案中,确定对计算机系统审计中重要审计事项和关键环节的计算机审计步骤和方法,明确电子数据采集转换的方案及数据安全措施等,并与被审计单位签订数据保密协议。同时根据方案,编制审计事项,设置人员分工等。

3. 采集和转换电子数据

根据数据采集转换方案,本次审计利用开放数据互连(ODBC)直接获取及复制财务数据方式,取得业务和财务数据,同时办理数据交接手续。然后将整理后的业务数据上传到服务器,财务数据转换成电子账簿,实现审计组成员之间的数据共享。

4. 数据清理和数据验证

将采集到的数据通过数据清理处理冗余数据,根据审计需要取得相应的数据表和字段,如剔除重复数据、冗余字段、空字段等,并通过使用数据转换工具、语句等实现日期、时间格式的转换,字段值合并、拆分等,将数据转换成审计需要的格式。

数据清理后,首先应通过数据验证确认电子数据的真实性、完整性和准确性。主要是通过会计的勾稽关系,顺序码断号、重号验证记录是否完整,并将系统生成的汇总电子报表与纸质资料进行核对,财务与业务数据进行核对,对产生的差异查明原因,并进行相应的调整,使业务和财务数据与被审计单位的数据环境相符合。

5. 建立审计中间表

将采集到的数据进行采集、转换、清理和验证后,根据审计利用数据的方式和目的建立审计中间表。由于从被审计单位取得的数据,符合其管理的需求,但并不能满足审计需求,为了提高审计效率,审计人员往往需要对处理后的不同数据表进行整合、关联、拆分等操作,生成审计中间表,为构建审计模型奠定基础。

本次审计参照了审计署下发的社保数据规划的格式,形成参保人员基本信息、处方明细信息、新农合结算费用信息、定点医疗机构级别参数、定点医疗服务机构信息等 12 张中间表,在审计中证明有效。

6. 构建审计方法

一般情况下,建立系统和类别分析模型可从以下 4 个方面对财务数据进行趋势分析,能迅速有效地从系统中找出异常的、可疑的数据。

(1) 分析总账科目与明细科目之间的占比关系。

(2) 当年总账科目下各明细科目变动趋势分析。

(3) 同一科目多年发展变化情况分析。

(4) 对存在配比关系的相对应科目变化情况进行分析,如收入和支出、工资薪金和个人所得税、固定资产和累计折旧等。

建立数据分析模型有两个步骤:第一步,通过图形分析法,建立系统和类别分析模型;第二步,针对业务数据,根据审计经验建立个体分析模型,产生审计疑点。

下面主要选取两个重要审计事项——"定点医疗机构违规串换医保药品审计"和"定点医疗机构医疗项目违规收费"描述建立审计分析模型的过程。

1) 定点医疗机构违规串换医保药品审计

(1) 审计思路。

由于存在定点医疗机构以医保药品报销的名义出售非医保药品,串换医保药品,扩大医保费用支出范围的问题,审计人员通过汇总各定点医疗全年出售药品数量和金额并按数量进行降序排列,并与全县平均数进行对比,对排名靠前的、远超出全县其他药店平均销售数量的几家定点医疗机构进行延伸,与其进货、库存、销售量进行对比,对于销售量远小于实际库存量的情况,确定是否存在虚假出售套取现金或实际购买了非医保报销的药品扩大医保支出问题,以证明审计结论。

(2) 分析步骤。

构建定点医疗机构违规串换医保药品审计方法的分析步骤如下:

① 将处方明细信息表与定点医疗服务机构信息根据服务机构编号进行关联,并按照定点医疗机构、药品代码将药品数量进行汇总,剔除中药(中药的数量比西药多,但金额很小,不适合进行对比)、自理药品和诊疗收费项目(无法核实数量),进行倒序排列。

② 从产生的结果中选取以排列靠前的记录作为疑点,并与全市所有定点医疗机构平均年销售量进行对比,然后根据医院收费项目名称和单价相同进行关联(因为审查中发现部分医院的药品和医疗收费项目代码名称与合作医疗办公室规范代码不一致的问题),计算定点医疗机构药品数量与全县平均年销量的差额,对于差额较大或全县仅一家销售该药品的

记录确定疑点,予以关注。

③ 针对产生的疑点,延伸定点医疗机构,将处方明细表中汇总的药品销售数量与定点医疗机构库存量(年末数一年初数+进货数)进行对比,根据至少违规原则假设定点医疗机构销售的该种药品全部为新农合销售,对实际库存量远低于处方明细表中汇总数量的要求说明原因,确定疑点,得出审计结论。

(3)构建审计方法。

① 构建新农合定点医疗机构串换药品审计方法的 ER 模型,如图 10-10 所示。

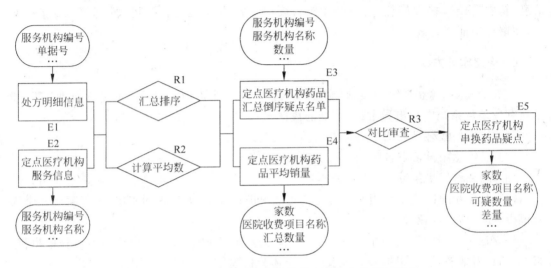

图 10-10 定点医疗机构串换药品审计方法的 ER 模型

② 明确新农合定点医疗机构串换药品审计方法的实体和关系,即:

- 实体 E1:处方明细信息。
- 实体 E2:定点医疗服务机构信息。
- 实体 E3:定点医疗机构药品汇总倒序疑点名单。
- 实体 E4:定点医疗机构药品平均销量。
- 实体 E5:定点医疗机构串换药品疑点。
- 关系 R1:汇总排序审查。
- 关系 R2:计算平均数。
- 关系 R3:对比审查。

③ 得到定点医疗机构串换药品审计方法的数据模型,如图 10-11 所示。

2)定点医疗机构医疗项目违规收费

(1)审计思路。

由于存在定点医疗机构乱收费问题,导致新农合基金支出标准和范围扩大,审计人员通过从网站上下载医疗收费标准表,调整收费编码,使之与新农合处方明细表能根据编码相关联,将处方明细表中医疗项目收费单价与医疗收费标准进行对比,剔除其中的异常因素,筛选出其中实际收费单价大于标准单价的记录。

(2)分析步骤。

新农合定点医疗机构医疗项目违规收费审计方法的分析步骤如下:

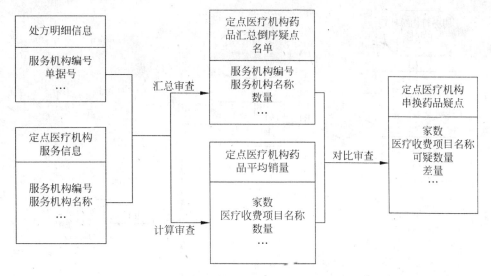

图 10-11 定点医疗机构串换药品审计方法的数据模型

① 将新农合信息系统中医院补偿单据明细信息门诊表、医院补偿单据明细信息住院表、医院补偿结算信息表进行关联，再进行合并生成新农合处方明细信息表；将医院补偿结算信息表根据相关条件生成新农合结算费用信息表。

② 将网站下载的某省医疗收费标准进行调整，使其与新农合处方明细信息表可以进行关联。

③ 将新农合处方明细信息表与某省医疗收费标准表进行关联，生成医疗收费超标准明细表，其中由于 MRI 和 CT 的收费标准需要另行计算，所以予以剔除。

④ 将新农合结算费用信息表与定点医疗机构级别参数表进行关联，生成新农合结算费用信息中间表。

⑤ 将医疗收费超标准明细表与新农合结算费用信息中间表关联进行汇总计算，生成新农合基金多支付金额明细表。

（3）构建审计方法。

① 构建新农合定点医疗机构医疗项目违规收费审计方法的 ER 模型，如图 10-12 所示。

② 明确新农合定点医疗机构医疗项目违规收费审计方法的实体和关系，即：

- 实体 E1：处方明细信息。
- 实体 E2：某省医疗收费标准表。
- 实体 E3：定点医疗机构级别参数表。
- 实体 E4：新农合结算费用信息表。
- 实体 E5：医疗收费超标准明细表。
- 实体 E6：新农合结算费用信息中间表。
- 实体 E7：新农合基金多支付金额明细表。
- 关系 R1：筛选审查。
- 关系 R2：筛选审查。
- 关系 R3：筛选审查。

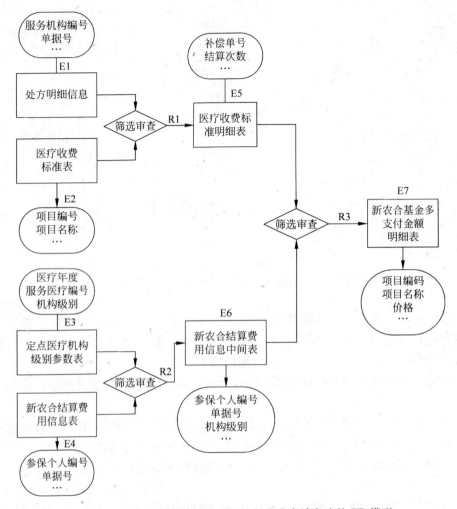

图 10-12　定点医疗机构医疗项目违规收费审计方法的 ER 模型

③ 得到新农合基金多支付审计方法的数据模型，如图 10-13 所示。

7. 确定并落实疑点

根据数据审计的分析模型产生审计疑点，通过进一步核查取证，验证并落实疑点问题。

10.4.4　审计结论

审计发现存在串换医保药品，提高医疗项目收费标准，以及重复参保等问题。建议加强医疗机构的药品和医疗收费监管，避免因定点医疗机构提高收费标准，导致基金损失浪费，降低基金支付能力等问题；加强对缴费证明和报销票据的管理，避免漏报、虚报、重复参保重复报销等问题。

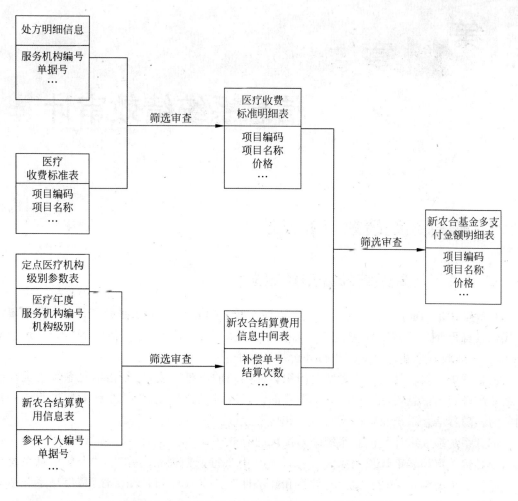

图 10-13 新农合基金违规收费审计方法的数据模型

思考题

1. 描述数据审计的概念和作业模式。
2. 数据审计的关键技术有哪些？列举 3 种，并作简要说明。
3. 描述现场数据审计的工作流程。
4. 在非现场数据审计中，如何进行数据规划和审计方法构建？

第11章

信息系统绩效审计

11.1 信息系统绩效审计概述

11.1.1 信息系统绩效审计定义

绩效审计是当前国际审计的主流,是审计发展的高级阶段,开展绩效审计对于我国审计现代化具有重要意义。目前,英、美、日等国家的绩效审计工作量日益提升,已经发展成为对受托责任、风险管理和综合治理进行评价的有效手段。

信息系统绩效既是指信息系统对组织目标实现的贡献程度,也是指信息系统为提升组织绩效所进行的信息资源和业务资源配置的活动或过程,即为实现结果绩效所进行的一系列行为。随着信息系统投资的增长,组织对信息系统的绩效日益重视。

信息系统绩效审计是信息系统绩效实现的有效手段,信息系统绩效审计是审计现代化转型的必然。审计署审计长刘家义在审计署驻南京特派办视察时指出:"今后信息系统审计要抓住三个关键点,即安全性、有效性和经济性"。"有效性"和"经济性"是信息系统绩效审计的重要内容。

信息系统绩效审计是获取并评价信息系统绩效证据,以判断信息系统是否能完成信息系统的投资目标,帮助发现信息系统投资决策、绩效形成过程中所存在的问题,进而改善信息系统投资决策、建设和管理过程。

信息系统绩效审计有狭义和广义之分。狭义的信息系统绩效审计是指信息系统建设完成后的验收效果、运行情况、成本效益等审计。

广义的信息系统绩效审计是贯穿于信息系统整个生命周期的规划与组织、设计与开发、实施与维护及日常评测与改进等一系列过程的绩效审计,其目的是提升系统的运行效率和效益,更好地达到组织的目标。

11.1.2 信息系统绩效审计程序

信息系统绩效审计通常按如下流程进行:

1. 绩效调查

信息系统绩效审计调查阶段的主要工作包括:调查组织的愿景、目标和战略、组织业务流程、IT 战略、组织的绩效控制制度；调查被审计单位及其信息系统的基本情况，了解组织内的 IT 绩效控制机制和手段及投入成本；与被审计单位签订业务约定书；分析审计风险和编制绩效审计计划、绩效审计目标。审计师可以根据信息系统对业务目标的影响力和重要性的不同，重点审查投入成本大、影响力较高、用户不满意、不可靠、兼容能力低下、项目成本超支及项目延期的信息系统。

2. 取证

信息系统绩效审计人员在绩效审计过程中不断收集信息，与绩效审计目标相关的信息均可作为审计证据，例如项目规划阶段的成本预算、项目支出的记录、变更程序和信息系统效益指标等。取证的方式主要包括审计人员的观察、询问的记录、从内部文件中取得的资料、审计测试程序产生的结果等。

3. 分析解释

结合信息系统绩效审计的评价指标对绩效形成的原因可以从制度、流程和标准、文化等方面进行分析和解释。例如对信息系统规划能力方面的审计，重点分析受审方是否进行了信息系统项目论证与可行性研究，是否是按照必要的可行性分析步骤进行的，是否跳过了某些关键步骤，规划步骤是否存在明显的不合理，是否具有详细的技术经济论证的标准，并在多方案比较的基础上选择出最优方案，评估替代方案的合理性。

4. 提出整改建议

审计师需要对被审的系统给出合适的、正确的整改建议，这将提高被审系统经济性、有效性，以改善绩效。能否给出正确的、独立的整改意见，首先与审计师的能力有关，审计师在 IT 方面的经历、造诣将会给整个项目带来很大的帮助。当然，这还与审计师介入的时间点相关，如果审计师介入的时间点滞后于系统的实施，那么整改建议对现在审计的系统并没有多大的帮助，如果审计师参与到系统的规划阶段，那么审计师就有可能给出预防性的建议。所以审计师在信息系统的规划、立项等阶段就可以提前介入，而不单是项目实施、验收阶段，重点保证现在审计系统能够提高绩效水平，而不仅仅是对系统作评价。

11.2　信息系统绩效审计的评价指标

2010 年 7 月，世界审计组织第六届效益审计研讨会在北京召开，审计署审计长刘家义在会上表示："到 2012 年，我国所有的审计项目都将开展绩效审计，绩效评价指标体系必不可少。"为实现这一目标，需要建立一个适用的、业界广泛认同的信息系统绩效衡量指标体系，促进信息系统绩效审计的规范化。

基于竞争优势理论和平衡记分卡理论基础，构建了信息系统绩效审计的评价指标体系，包括财务评价指标、系统满意度评价指标、IT 能力评价指标和 IT 资源评价指标 4 个方面的内容。

11.2.1　财务评价指标

信息系统的财务评价指标是信息系统绩效评价不可缺少的重要内容,直接以资金的形式展现出来,是信息系统绩效中最直观的以结果性财务指标构成的绩效评价体系。信息系统财务评价指标反映信息系统的实施和执行是否为最终结果的改善做出贡献,是其他三个方面的出发点和归宿。

根据具体情况,财务绩效评价可以从发展绩效、盈利绩效和运营绩效三个方面来设置,例如销售收入的增长、利润的增长、库存资金的降低等,这些传统的财务指标能够显示信息系统应用后的经济效益。信息系统绩效审计的财务指标如表 11-1 所示。

表 11-1　信息系统绩效审计的财务评价指标

一级指标	二级指标	三级指标
财务绩效	发展绩效	营业收入增长率
		资产保值增长率
		总资产增长率
		营业利润增长率
	盈利绩效	营业利润率
		成本费用利润率
		总资产报酬率
		净资产收益率
	运营绩效	流动资产周转率
		固定资产周转率
		总资产周转率

11.2.2　系统满意度评价指标

系统满意度是把信息系统看做是一个服务提供者,从服务使用者的角度来对信息系统的绩效进行评价,主要包括内部客户和外部客户,主要评价指标如表 11-2 所示。

表 11-2　信息系统绩效审计的系统满意度评价指标

一级指标	二级指标	三级指标
系统满意度	外部客户满意度	顾客满意度
		合作单位满意度
	内部客户满意度	高层领导满意度
		中层管理者满意度
		基层员工满意度

内部客户满意度是指组织高层、中层和基层人员对信息系统使用后的心理感受;外部客户满意度是指组织的客户或者相关协作单位使用信息系统后的心理感受。用户的满意度决定了对信息系统的一系列使用活动,促进组织绩效良性发展。

11.2.3 IT能力评价指标

信息系统绩效不能直接产生,需要以IT能力作为中间变量,将信息系统投资转化为组织绩效。IT能力评价主要包括5个方面:组织战略与IT战略整合能力、业务流程整合能力、信息系统整合能力、组织结构整合能力、组织文化与IT文化整合能力。如表11-3所示。

表 11-3 信息系统绩效审计的 IT 能力评价指标

一 级 指 标	二 级 指 标	三 级 指 标
IT 能力	组织战略与 IT 战略整合能力	内外部环境分析能力
		规划人员的合作能力
	业务流程整合能力	流程与战略对应能力
		团队管理能力
		过程管理能力
	信息系统整合能力	信息系统规划和组织能力
		信息系统获取和实现能力
		信息系统交付能力
		信息系统支持能力
	组织结构整合能力	构建能力
		实施能力
	组织文化与 IT 文化整合能力	文化诊断能力
		文化培育能力

1.组织战略与IT战略整合能力

组织战略与IT战略整合能力是战略制定的过程中,组织战略、IT战略与环境三者之间实现动态的相互匹配、相互协同。主要包括如下两种整合:

1)战略与环境的整合

根据组织的外部竞争环境、内部资源和能力确定了组织的经营范围、战略方向和目标、IT战略方向和目标,实现外部环境、资源和能力的整合。

2)组织战略与IT战略的整合

IT战略必须支持组织战略,在进行IT战略规划时,要充分考虑IT的使用对于组织战略的实施起到怎么样的作用,考虑现有的管理模式和组织形式与所选择的信息技术是否符合,从而不是片面追求技术上的先进。同时,信息系统可能成为某些特定组织战略的基础,通过应用IT使能组织战略来获取IT战略价值,为组织获得竞争优势。组织战略与IT战略整合能力可以通过对组织内外部环境的分析、规划人员之间的合作等子指标来评价。

2.业务流程整合能力

业务流程整合能力就是强调打破原有的职能界限和任务划分,尽可能将跨越不同职能部门、由不同专业人员完成的工作环节集成起来,合并成单一任务,由单人或特定的团队来完成。在实施信息系统之前,要重新审视组织的业务流程,通过描述现有的业务流程,确立标杆和绩效标准,根据流程评价的结果,确定流程的整合深度,决定对流程进行规范、优化还是再造。对于那些绩效较好、基本上可以符合卓越流程要求的流程进行规范处理,如果流程存在冗余环节,但主体上没有多大问题,就要去除冗余的环节,减少时间和成本的消耗,优化流程,对那些给组织带来沉重负担,与先进的流程标杆相差太远的流程需要对之进行再造。业务流程整合能力可以通过流程与战略对应能力、流程团队管理能力和流程整合的过程管理等子指标进行评价。

3. 信息系统整合能力

信息系统整合能力就是指根据总体信息系统的目标和要求,对分散的现有信息子系统或多种硬件产品和技术,进行结合、协调或重建,形成一个和谐的整体信息系统,为组织提供全面的信息支持,主要包括如下三种整合:

1) 面向效率的整合

该模式主要通过应用系统的有机整合,促进各种应用之间功能的共享与交互,在整体上提升组织运行的自动化程度,从而改进运作的方式,以实现节约成本,提高工作效率的目的。

2) 面向效益的整合

该模式是在集成过程中,通过应用系统之间的相互联系、相互作用,促进各种应用系统之间的业务流程交互、优化与融合,从而改进组织生产经营管理活动的执行过程,促进业务流程的优化与整合,以获得更高的收益率,实现效益的提高。

3) 面向创新的整合

该模式通过信息系统的集成,实现信息系统功能的突破和创造,从而支持并促进业务模式/业务流程等方面的创新,推动并支撑价值链的改善与进化,获得战略竞争优势,实现业绩水平的提升,推动组织的成长与发展。信息系统整合能力可以通过信息系统规划和组织能力、信息系统获取和实现能力、信息系统交付能力和信息系统支持能力 4 个子指标进行评价。

4. 组织结构整合能力

组织结构整合能力是指运用整合的思想与方法,将不同的组织结构形式按照一定的方式集合成一个有机组织体,通过成员之间的相互影响、相互作用,促使组织体的功能发生质的跃变,使整体效益得到极大提高,从而更好地为组织活动的开展提供支持和服务。信息技术平台是进行业务流程再造和组织结构整合的必备条件。共享的数据库技术为整个组织的流程和职能提供所需要的信息资源,使得流程的并行工作和团队的协同工作成为可行。组织结构整合能力可以通过组织结构整合的构建能力、组织结构整合的实施能力两个子指标进行评价。

5. 组织文化与 IT 文化整合能力

组织文化与 IT 文化整合能力是指将组织文化与 IT 文化,根据完整性、系统性与有序协调的原则,进行整理、提炼、升华,达到最优化的整体效果,塑造出独具组织特色的现代组织文化体系,主要包括如下三层文化整合:

1) 高层领导文化整合

高层领导要给予信息系统极大的信任,也要具有强烈的进取心和创新精神,善于发现和接受新生事物,观念超前,勇于变革,从而在组织内部逐渐形成一种适应信息化管理环境的具有先进组织文化特征的文化氛围。

2）中层和基层管理者文化整合

信息系统的实施是一个利益的调整过程,涉及各个部门的职权、权利和责任的重新分配,从而会受到原来的利益主体不同形式、不同程度的抵抗,甚至引起部门之间的利益冲突。地位和权利的丧失足以让中层和基层管理人员破坏信息系统的建设过程,所以信息系统的建设和实施,要求的是一个顾全大局、协同合作的文化,组织要建立完善的规章制度,把信息系统建设和使用与组织的发展和员工业绩有机地结合,促使员工变压力为动力,自觉投入到信息化建设和应用行动中去。

3）基层员工文化整合

一项全新技术和管理模式的出现,昭示着全体人员需要改变现有的行为习惯,很多员工甚至不愿意接受现有的改变,不愿意接受新系统,从而拒绝新文化,同时也害怕由于新系统的实施,会代替自己的工作,使自己下岗的后果,也有部分员工担心自己不能胜任原来的工作,从而拒绝新系统的实施。信息系统的建设和实施,要求基层员工尽可能地对新系统有一个明确的认识,并能在组织内形成一种学习的文化,最终达到心理上的认同和操作上的熟练。

组织文化与 IT 文化整合能力可以从以上三个层次上进行评价分析。

11.2.4　IT 资源评价指标

IT 资源主要包括信息系统、IT 基础设施、IT 人力资源。IT 资源的绩效需要评价这三个方面的 IT 资源绩效。IT 资源的评价指标如表 11-4 所示。

表 11-4　信息系统绩效审计的 IT 资源评价指标

一级指标	二级指标	三级指标
IT 资源	信息系统	信息系统柔性
		易维护性
		可使用性
	IT 基础设施	IT 基础设施的服务性
		IT 基础设施的共享性
		IT 基础设施的柔性
	IT 人员	高层领导的支持和信任
		IT 人员的业务知识
		业务人员的 IT 素质

1. 信息系统的质量

信息系统的质量对用户的满意度有很重要的影响。信息系统的柔性、可使用性和易维护性构成了信息系统的质量评价标准。信息系统自诞生之日起就与组织的目标紧密结合,组织目标的变动性决定了信息系统要具有较好的柔性。确定信息系统的柔性要综合考虑到所支持的业务流程的三个纬度,即流程的性质、变动频率和变动维度可以通过接口的标准化和应用逻辑的组件化等完成。

2. IT 基础设施的共享性、服务性和柔性

IT 基础设施是一种重要的资源,包括 IT 组件和 IT 服务。

IT 组件包括计算机、打印机、共享的技术平台、数据库软件包、操作系统和扫描仪等。

IT 基础设施所提供的服务主要包括应用系统管理、通信管理、数据管理、IT 培训和教育管理、IT 研发、IT 管理、安全管理、体系结构和标准管理、渠道管理等服务。

IT 组件有两个属性:共享性和范围性。共享性是通过共享的区域和共享的信息范围两方面体现的。区域是指 IT 基础设施可以连接的地点,其变化范围可以从单个的业务部门到任何人、任何地方。范围性描述了在具有不同硬件和软件系统与设施之间可以直接和自动地共享 IT 服务类型的特性,其范围包括从传统的信息传送到数据传输,直到在不同的应用系统之间进行复杂的事务处理。

IT 基础设施的服务主要用两个指标来衡量:服务的数量和深度。服务的数量根据组织所处的战略环境而定,例如产品经常变换的组织需要应用系统管理、数据管理服务,而强调业务部门之间协同的组织需要应用系统管理、通信管理、数据管理、IT 管理、安全管理等服务内容。服务的深度主要表现为选择性地提供和广泛性地提供。选择性的服务仅提供基本层次的功能性服务,其使用是非强制性的。广泛性的服务意味着该项服务的功能性很强,提供给所有的业务部门,使用是强制性的。

另外,IT 基础设施要具有较好的柔性,以支持信息系统满足不断变化的业务流程需要。

3. IT 人力资源

COBIT 中对人力资源是这样定义的:计划、组织、获取、实施、交付、支持、跟踪和评价信息系统和服务的人。一般从以下三个方面进行 IT 人力资源的评价:高层领导的支持和信任程度、IT 技术人员的业务知识、业务人员的 IT 素质。

11.3　信息系统绩效审计的评价方法

11.3.1　数据包络分析法

数据包络分析法(Data Envelopment Analysis,DEA)是 Charnes 等学者 1978 年提出一种评价方法。

数据包络分析法是按照多指标投入和多指标产出,对同类型单位进行有效评价的一种新方法。它根据一组关于输入输出的观察值来估计有效生产前沿面,是非参数的统计分析。从多目标规划看,生产前沿面实际上就是对应的线性多目标规划的有效解所构成的有效面。数据包络分析法有效性与多目标规划的有效解是等价的。

假设的 n 个部门或单位称为决策单元,每个部门都有 m 种类型的输入及 s 种类型的输入,如表 11-5 所示。

x_{ij} 为第 j 个决策单元对第 i 种类型输入的投入总量,$x_{ij}>0$。

y_{rj} 为第 j 个决策单元对第 r 种类型输入的产出总量，$y_{rj} > 0$。

v_i 为对第 i 种类型输入的一种度量；u_r 为对第 r 种类型输入的一种度量；$i = 1, 2, \cdots, m$；$r = 1, 2, \cdots, s$；$j = 1, 2, \cdots, n$。

x_{ij} 和 y_{rj} 为已知的数据，可根据历史或者预测的数据得到；v_i 及 u_r 为变量。

表 11-5　决策单元的输入输出向量与权重

输入或输出	权重	序号	决策单元 $1, 2, \cdots, j, \cdots, n$					
输入	v_1	1	x_{11}	x_{12}	$\cdots$	x_{1j}	$\cdots$	x_{1n}
	v_2	2	x_{21}	x_{22}	$\cdots$	x_{2j}	$\cdots$	x_{2n}
	$\vdots$	$\vdots$	$\vdots$	$\vdots$		$\vdots$		$\vdots$
	v_m	m	x_{m1}	x_{m2}	$\cdots$	x_{mj}	$\cdots$	x_{mn}
输出	u_1	1	y_{11}	y_{12}	$\cdots$	y_{1j}	$\cdots$	y_{1n}
	u_2	2	y_{21}	y_{22}	$\cdots$	y_{2j}	$\cdots$	y_{2n}
	$\vdots$	$\vdots$	$\vdots$	$\vdots$		$\vdots$		$\vdots$
	u_r	s	y_{s1}	y_{s2}	$\cdots$	y_{sj}	$\cdots$	y_{sn}

对应于权系数 $v = (v_1, v_2, \cdots, v_m)^T$，$u = (u_1, u_2, \cdots, u_s)^T$，每个决策单元都有相应的效率，可以适当地选取系数 u 及 v，使其满足 $h_j \leqslant 1$。

$$h_j = \frac{\sum_{r=1}^{s} u_r y_{rj}}{\sum_{i=1}^{m} v_i x_{ij}}$$

现在对第 j_0 个决策单元进行效率评价，以权系数 u 及 v 为变量，以第 j_0 个决策单元的效率指数为目标，以所有决策单元的效率指数 $h_j \leqslant 1$ 为约束，构成如下的最优化模型，即：

$$C^2 R = \begin{cases} \max \dfrac{u^T y_0}{v^T x_0} = V_{\bar{p}} \\ s.t \; \dfrac{u^T y_j}{v^T x_j} \leqslant 1 \\ u \geqslant 0 \\ v \geqslant 0 \end{cases}$$

其中，$x_j = (x_{1j}, x_{2j}, \cdots, x_{mj})^T$，$y_j = (y_{1j}, y_{2j}, \cdots, y_{xj})^T$。

将 $x_j = (x_{1j}, x_{2j}, \cdots, x_{mj})^T$ 和 $y_j = (y_{1j}, y_{2j}, \cdots, y_{xj})^T$ 转化为对偶规划模型，即：

$$C^2 R = \begin{cases} \min \theta \\ s.t. \; \sum_{j=1}^{n} x_j \lambda_j + s^- = \theta x_0 \\ \sum_{j=1}^{n} y_j \lambda_j - s^+ = y_0 \\ \lambda_j \geqslant 0, j = 1, 2, \cdots, n \\ s^+, s^- \geqslant 0 \end{cases}$$

其中，$x_j = (x_{1j}, x_{2j}, \cdots, x_{mj})^T$，$y_j = (y_{1j}, y_{2j}, \cdots, y_{sj})^T$，$j = 1, 2, \cdots, n$；$s^+, s^-$ 称为决策单元的输入输出松弛变量。

对于线性规划的最优解 $\theta^*, s^{-*}, s^{+*}, \lambda^*$,有下面三种情况:

(1) $\theta^* = 1$,但 $s^{-*} \neq 0$ 或 $s^{+*} \neq 0$,则称决策单元 j_0 为 DEA 值弱有效。也就是说,在这 n 个决策单元组成的经济系统中,对于投入 x_0 可减少 s^{-*} 且保持原产出 y_0 不变,或在投入 x_0 不变的情况下可将产出提高 s^{+*}。

(2) $\theta^* = 1$,且 $s^{-*} = 0, s^{+*} = 0$,则称决策单元 j_0 为 DEA 值有效。也就是说,在原投入的 x_0 基础上所获得的产出已达 y_0 到最优。

(3) $\theta^* < 1$,则称决策单元 j_0 为非 DEA 值有效。

11.3.2 网络层次分析法

层次分析法(Analytic Hierarchy Process,AHP)是一种常用的多层次、多指标的权重确定方法,常常假设同一个层次的指标之间是相互独立的,元素之间不存在反馈关系。但在大多数评价问题中,有些却不遵从这一假设,从而导致评价效果失真,妨碍了层次分析法的应用。网络层次分析法(Analytic Network Process,ANP)是 Thomas L. Saaty 于 1996 年在层次分析法的基础上提出来的一种新的决策方法,以一种扁平的、网络化的方式表示指标之间的相互关系,它允许量化或难以量化的相互依赖关系和反馈关系等多个指标共存,比层次分析法更贴近现实,常用于分析有关社会、政府和企业决策问题。

典型的网络层次分析法结构由控制层和网络层构成,其基本模型如图 11-1 所示。

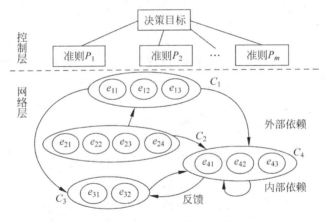

图 11-1 网络层次分析法模型

网络层次分析法将评价问题分为两个部分:一个是控制层,包括问题目标及决策准则,决策准则是彼此独立的,每个准则的权重可由传统的层次分析法获得;另一个是网络层,由所有受控制层支配的指标组成,指标之间相互作用、相互影响形成指标的网络结构。

网络层次分析法确定权重的步骤如下:

(1) 构造网络层次分析法的控制层次和网络层次结构,界定决策目标和决策准则,用层次分析法得到各个准则相对于决策目标的权重;归类确定每一个指标集,分析其网络结构和相互影响关系。

(2) 构造网络层次分析法的超矩阵,计算权重。假设控制层中目标层为 A,准则为 $B_1, B_2, \cdots, B_n$,网络层指标集 $C_1, C_2, \cdots, C_n$,每个 C_j 中的指标个数为 $C_{n_j} (j = 1, 2, \cdots, n)$,以

$B_i(i=1,2,\cdots,n)$ 为准则，依次以 C_j 中指标 e_{jk} 为次准则 $(k=1,2,\cdots,n_j)$，指标集中 C_j 的其他元素 e_{jn_j} 相对于 e_{jk} 的重要程度进行两两比较分析，构造判断矩阵 $\widetilde{\boldsymbol{F}}_{jk}=(\tilde{f}_{jk})$，得到一个超级矩阵：

$$
\boldsymbol{W}_{jn_j}^{jn_j}=\begin{bmatrix} W_{j1}^{j1} & W_{j1}^{j2} & \cdots & W_{j1}^{jn_j} \\ W_{j2}^{j1} & W_{j2}^{j2} & \cdots & W_{j2}^{jn_j} \\ \vdots & \vdots & & \vdots \\ W_{jn_j}^{j1} & W_{jn_j}^{j2} & \cdots & W_{jn_j}^{jn_j} \end{bmatrix}
$$

矩阵的列向量代表的是元素网络层的指标元素对 C_j 中指标 $e_{j1},e_{j2},\cdots,e_{jn_j}$ 的排序权重，所有网络层元素相互影响的排序权重组合起来得到一个在控制元素 B_i 下的超矩阵 $\boldsymbol{W}$。运用 Matlab 求得超矩阵 $\boldsymbol{W}$ 的特征向量，并对特征值进行归一化，即为网络层在控制元素下的指标权重。

（3）构造加权超矩阵。超矩阵反映的是层次内部各指标对某个准则的排序，但没有顾及其他层次对此准则的影响，因此要准确反映排序，必须考虑层次指标之间的影响作用，将每个层次作为一个元素，针对某一层进行两两比较，得到加权超矩阵。若用 a_{hq} 表示第 h 个层次对第 q 个层次的影响权重，则 $\overline{\boldsymbol{W}}=a_{hq}\boldsymbol{W}_{jn_j}^{jn_j}$ 为加权超矩阵。在加权超矩阵中，每一列元素的和均为 1，加权超矩阵具有随机性，使得累加效应存在且有限。

（4）计算极限超矩阵 $\lim\limits_{k\to\infty}\overline{\boldsymbol{W}}^k$。在网络分析中，为了反映指标之间的依存关系，需要为加权超矩阵 $\overline{\boldsymbol{W}}$ 做一个稳定处理，即计算极限相对排序向量：$\lim\limits_{k\to\infty}\overline{\boldsymbol{W}}^k$。这个极限值如果收敛，而且唯一，则 W_∞ 的第 j 列是网络层各指标对于指标 j 的极限相对排序，即各指标相对于最高目标的权重值。

思考题

1. 描述信息系统绩效的定义及其审计程序。
2. 信息系统绩效审计可以从哪几个方面进行评价？
3. 列举两种信息系统绩效审计的评价方法。

参 考 文 献

[1] GAO. FEDERAL INFORMATION SYSTEM CONTROLS AUDIT MANUAL[R]. United States Government Accountability Office,2009.

[2] ISACA. Board Briefing on IT Governance,2nd Edition：Rolling Meadows,IL,USA.

[3] ISACA. CISA Review Manual 2010[R]. Rolling Meadows,IL,USA：ISACA,2010.

[4] 时现,李庭燎等译. 全球信息系统审计指南(上下册)[M]. 北京：中国时代经济出版社,2010.

[5] Wright,S.,Wright,A. M. Information System Assurance for Enterprise Resource Planning Systems：Unique Risk Considerations[J]. Journal of Information Systems,2002,16(s-1)：99-113.

[6] 陈耿,王万军. 信息系统审计[M]. 北京：清华大学出版社,2009.

[7] 张金城,黄作明. 信息系统审计[M]. 北京：清华大学出版社,2009.

[8] 庄明来,吴沁红. 信息系统审计内容与方法. 北京：中国时代经济出版社,2008.

[9] 陈婉玲,韦沛文. 网络经营与网络财会条件下的审计初探[J]. 会计研究,2000,(007)：42-45.

[10] 陈伟,刘思峰,邱广华. 计算机审计中数据处理新方法探讨[J]. 审计与经济研究,2006,21(001)：37-39.

[11] 陈伟,刘思峰,邱广华. 计算机审计中一种基于孤立点检测的数据处理方法[J]. 商业研究,2006,(017)：44-47.

[12] 陈志斌. 信息化生态环境下企业内部控制框架研究[J]. 会计研究,2007,(001)：30-37.

[13] 何华琴. ERP 系统中销售与收款业务的控制及审计[J]. 审计月刊,2008,(009)：44-45.

[14] 胡克瑾. IT 审计[M]. 北京：电子工业出版社,2004.

[15] 胡晓明. 基于 IT 治理的我国信息系统控制与审计体系构建思考[J]. 科技管理,2008,28(009)：253-255.

[16] 惠迎. 持续审计及其审计程序设计——以应收账款审计为例[J]. 中国管理信息化,2010,(011)：46-48.

[17] 李春青. 政府信息系统审计：基于经济监督视角的信息系统审计[J]. 审计月刊,2007,(003)：8-9.

[18] 刘锦芳. ERP 环境下销售与收款流程的内部控制审计[J]. 财会通讯,2005,(006)：63-64.

[19] 刘美君. ERP 环境下销售收款业务过程的风险评估与控制[J]. 中国管理信息化,2010,13：16.

[20] 刘志远,刘洁. 信息技术条件下的企业内部控制[J]. 会计研究,2001,(012)：32-36.

[21] 钱啸森. 国外信息系统审计案例[M]. 北京：中国时代经济出版社,2007.

[22] 史达,朱荣,杨洋. 电子政务信息系统审计的基本特征研究[J]. 财经问题研究,2005,(004)：91-95.

[23] 唐志豪. 试析信息系统审计[J]. 财会月刊,2008,(10).

[24] 唐志豪. 信息系统审计理论结构研究[J]. 财会月刊,2007,(8).

[25] 唐志豪,冯占国,宋明霞. 信息系统审计的业务模型构建[J]. 财会月刊,2010(16).

[26] 卫剑. 论 ERP 系统的系统审计策略[J]. 审计研究,2006.

[27] 吴沁红. 信息系统审计内容分析[J]. 审计文摘,2008,(012)：86.

[28] 吴孙国,葛咏梅. 现有审计技术条件下的 ERP 系统审计[J]. 中国注册会计师,2004,(008)：40-41.

[29] 张进,易仁萍,陈伟. 计算机审计中电子数据的清理研究[J]. 审计研究,2004,(006)：21-25.

[30] 唐志豪,吴叶葵,姚建荣. IT 治理标准的国际实践与启示[J]. 情报杂志,2010,29(7).

[31] 王莲芬. 网络分析法(ANP)的理论与算法[J]. 系统工程理论与实践,2001,21(003)：44-50.

[32] 唐志豪,计春阳,胡克瑾. IT 治理与公司治理的互动性研究[J]. 科学与科学技术管理,2008,(001)：113-116.

[33] 唐志豪,计春阳,胡克瑾. IT 治理研究述评[J]. 会计研究,2008,(5)：76-82.

[34] 赵昆,洪向东. ANP 网络分析法及其在信息系统组合分析中的应用[J]. 云南财贸学院学报,2005,21(002)：107-112.